Sentido

Sentido de Vida, Género y Arte

Sentido de Vida, Género y Arte

Sentido de Vida, Género y Arte

Sentido de Vida, Género y Arte

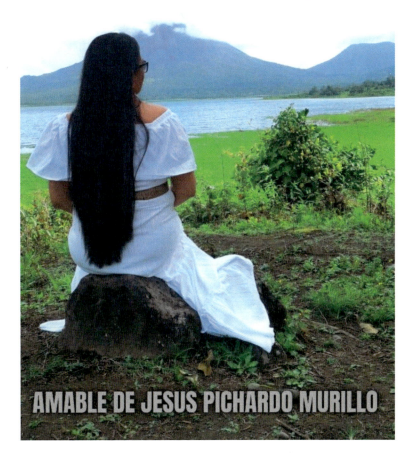

Guárdame en tu corazón como tu sello o tu joya, siempre fija a tu muñeca, porque es fuerte el amor como la muerte, y la pasión, tenaz como el infierno; sus flechas son dardos de fuego, como llama de Yahvé.

¿Quién apagará el amor? No lo podrán las aguas embravecidas, vengan los torrentes, ¡no lo ahogarán! Si alguien quisiera comprar el amor con todo lo que posee en su casa, sólo conseguiría desprecio.

(Cantar de los Cantares, 8; 6-7).

Sentido de Vida, Género y Arte

Ilustración 1. Pichardo, A. (2021). Grecia.

Sentido de Vida, Género y Arte

A lo largo de la evolución del cosmos, las plantas nos han demostrado la aptitud que poseen para ajustarse a los cambios climáticos de cada temporada.

Aun en medio de las condiciones extremas como la sequía o la humedad, continúan con su proceso de crecimiento y desarrollo.

La existencia tiene la capacidad de resiliencia con la finalidad de sobrevivir en entornos difíciles, aprender a superarlos, inclusive dejarse transformar por ellos, de allí que sea frecuente asociar estas circunstancias de los seres vivos con los complejos procesos vitales que debe enfrentar el ser humano en el camino de la vida, a fin de seguir proyectándose en el futuro.

Sentido de Vida, Género y Arte

HOY ES EL DIA DE MI CUMPLEAÑOS.

Me susurró suavemente en la oreja diciéndome, agradece la oportunidad de perdonar, de amar sin esperar nada a cambio, sé muy agradecida que así entiendes, creces y evolucionas para ser creadora de nuevos sentimientos. Las lágrimas llenaron mis ojos en una mezcla de asombro y gratificación. ¡Fue una lección bellísima y magnífica!

En consecuencia, camino a mi trabajo, decidí realizar un ejercicio con mi cuerpo, comencé a presionar fuertemente mi vientre inhalando y exhalando, tratando de acceder en un ritmo pulsante y sintonizarme con el pulso Cósmico del Dios Padre y Madre Creador que está eternamente haciendo el amor y creando todo lo que existe. Esa palpitación de contracción y expansión, de oscuridad-luz, de entrar y salir, ese latido que nos mece, nos relaja y nos invita a entregarnos.

Me encontraba inmersa en ese apretar y soltar hasta que sentí que había logrado tener una buena consciencia de mi abdomen, y entonces lo hice, visualicé cómo la palabra gratitud salía desde dentro y de repente comenzó una cascada de gratitudes; a mis padres, hermanos, hijos, a mi pareja, compañeros de estudio, amigas de infancia, de adultez, vecinos, a mis estudiantes y mientras la gente se agolpaba frente a mí, más vivo estaba mi útero, fue genial, era una vibración de reconocimiento y armonía. ¡Qué lindo fue! Quise compartirlo porque realmente me asombró que podía combinarse de forma sencilla y mágica la fuerza del deseo, del agradecimiento y del placer para crear un éxtasis espiritual.

Sentido de Vida, Género y Arte

A todas las personas que me siguen, quiero agradecerles infinitamente la magia de la comunicación virtual, que ha hecho posible sentirme integrada al universo en donde puedo dar y recibir afecto de manera invisible y poderosa. ¡Cuándo lean mi obra lo sentiré en lo profundo de mi alma, será un gran regalo de cumpleaños! Y expresaré muy emocionada.

¡Gracias a la vida que me ha dado tanto!

Sentido de Vida, Género y Arte

Ilustración 2 Pichardo, A. (2021). El Castillo, Alajuela Costa Rica.

DEDICATORIA.

Escribir mi segundo libro Sentido de Vida, Género y Arte, me ha proporcionado la forma más noble, de transmitirle al lector un mensaje lleno de esperanza, por ser un tema que me apasiona, y me conmueve.

Plantea la importancia de una convivencia inclusiva y democrática con el fin de que lo sagrado femenino, con todo su potencial despierte la conciencia adormecida de lo masculino y juntos puedan alcanzar el desarrollo personal o la construcción del propósito de la existencia, que posibilite encontrar las razones por las cuales vale la pena existir.

Considero apropiado orientar el interés en lo que nos une para explorar, conocer, comprender, valorar y tolerar la amplia gama de la diversidad y trascender, con la finalidad de no centrar la atención en las diferencias, promover la crítica y la lucha por la superioridad entre los géneros.

Con amor incondicional dedico esta investigación al rostro humano de Dios Padre y Madre Creador, a las Hermanas Franciscanas de María Inmaculada, que han sido maestras guías en mi camino y sembraron la semilla de la resiliencia.

Al Movimiento Mujeres Guerreras, por la entrega constante a sus ideales que generó en mí, el reconocimiento, e hizo posible la génesis de mi nueva obra.

En memoria, de mis ángeles, mi mamá, a quien amo y sé que me cuida desde el cielo, Carmen, el jardín del altísimo, su hoja en el árbol genealógico permite que siga creciendo, Gabriela, inspiración celestial, la siento en mi corazón y sé que está en las manos de esa fuente divina, Elsa, mi pequeño angelito mi ser de luz y Estrella, brillando con su resplandor en la inmensidad del universo.

En mención de las princesas bellas, que ya no están aquí con sus familias por las diferentes causas de la violencia de género; unas fueron víctimas de sus parejas sentimentales, las niñas por abandono y maltrato por parte de los adultos y las que se empezaron a formar en el útero materno por sus propias madres, quienes le negaron la oportunidad de vivir en nombre de los derechos a la salud reproductiva.

A ellas en donde se encuentren, elevo una plegaria llena de gratitud y fe por el tiempo que estuvieron con nosotras, llenando de significado el universo. Razón por la cual exigen ser protegidas, cuidadas y valoradas, debido a que son seres de luz que alumbran el sendero de la humanidad.

Sentido de Vida, Género y Arte

Ilustración 3. Pichardo A. (2021). San José, Costa Rica.

ÍNDICE

PRÓLOGO. 25

INTRODUCCIÓN. 31

CAPITULO I: 37

MASCULINIDAD Y FEMINIDAD PRESENTES EN EL 37

PENSAMIENTO HUMANO. 37

1.1. El comienzo histórico de la desigualdad. 39

1.2. Educar desde la sexualidad de la ternura. 51

1.3. El aprendizaje de la vida en la 63

dimensión espiritual integral. 63

CAPITULO II: 73

EL ARTE TRASCIENDE MÁS ALLÁ DE LA MIRADA. 73

2.1 El arte es una expresión de lo 75

sublime. 75

CAPITULO III: 85

ALTERNATIVAS PARA UNA 85

ENERGÍA SALUDABLE, EN MEDIO DE UNA CULTURA DE GÉNERO. 85

3.1: Género y sentido de la vida. 87

3.2. Género y Resiliencia. 92

3.3. Autoconocimiento a través de los arquetipos femeninos. 96

3.4. Trascender la aptitud humana de sobreponerse. 102

3.5. La madre caridad portadora de luz. 105

3.6. Movimiento mujeres guerreras 113

3.6. El cielo tiene mi estrella. 119

CAPITULO IV: 125

ACOMPAÑAMIENTO EMOCIONAL CON EQUIDAD DE GÉNERO. 125

4.1 La convivencia en el respeto y en la legitimación de los demás. 127

4.2. Acompañar un proceso con el fin de alcanzar bienestar. 133

4.3. Descubriendo el sentido de la vida a través de la lectura. 136

4.4 TÉCNICAS DE LECTOTERAPIA. 140

Lecturas para subsistir. 140

EL GATO Y LA PRINCESA. 145

Mi Diario Viajero. 153

Álbum de gratitud. 157

4.5. Técnicas de resiliencia. 160

Filas Resilientes. 161

Frases con sentido. 166

Imaginería Mental. 169

Corona del Rey León. 173

El Árbol Genealógico. 176

Huellas de Sentido. 180

4.6 Técnicas sobre género y sexualidad de la ternura y espiritual para una calidad de vida saludable. 184

    Cambiar de lugar. 186

    Comenzando por nuestras creencias. 193

    Cuánto soy de detallista. 200

    Reconstruyendo mi cuerpo. 203

    Los corazones afectivos. 206

    Meditación trascendental. 210

    Meditación Consciente. 214

EPÍLOGO 217

REFERENCIAS BIBLIOGRÁFICAS. 221

Sentido de Vida, Género y Arte

PRÓLOGO.

Históricamente la relación de los géneros masculino y femenino se han constituido en el marco de la subordinación, la discriminación y la disparidad, lacerando así, el ejercicio de la ciudadanía, sobre todo el de las féminas, condicionando de este modo el comportamiento en los ámbitos públicos y privados, de la sexualidad, la subjetividad, las tareas, cualidades y las normas jurídicas de una colectividad.

Referente al género, es necesario estar claros que no hay normalidad ni anormalidad, solamente rasgos que pueden ser estadísticamente considerables para unos ciudadanos, no para la mayoría, dándonos a entender que los estereotipos como las prácticas, creencias o funciones no tienen ninguna justificación científica o demográfica y, por lo general, se dictan de forma inconsciente afectando y lesionando los derechos.

A partir de la asignación de roles, la mujer no es igual al hombre, simplemente forman parte de un equilibrio dinámico hecho de desigualdad y tensión, que los mantiene juntos, con el fin de que sea posible la fuerza y plenitud de su encuentro.

Por lo tanto, la feminidad no necesita comportarse igualmente que la masculinidad para ser visibilizada, ya son en sí mismas enérgicas y cuando esa energía creadora está orientada en una misma meta se potencia y hace realizable la transformación de la sociedad.

No se trata entonces de centrar la atención en las diferencias con el fin de fomentar el conflicto sino más bien, explorar, conocer, valorar y tolerar la amplia gama de la diversidad, a fin de consolidar la convivencia y la aceptación.

De acuerdo con la logoterapia, existen modos particulares, por medio de los cuales se puede impulsar la habilidad de reflexionar acerca de las actitudes, y del respeto por el otro.

La enseñanza y la vivencia de los valores creativos, experienciales y actitudinales nos dan la esperanza de alcanzar la formación integral del ser humano que lleve a comprender la heterogeneidad a fin de lograr armonía, salud y respeto por la equidad. Únicamente hay que tener los ojos del espíritu abiertos con el fin de poder percibir las oportunidades que la subsistencia nos presenta, y responder a ellas de manera oportuna.

Relacionado con lo anterior, la presente propuesta se centra en promover conductas resilientes, a través de diferentes técnicas creativas, por ejemplo: el arte, la lectura, el cuento y el juego, con el objetivo de reforzar la capacidad de resiliencia en las mujeres, a fin de enfrentar las adversidades del diario vivir asertivamente y con una actitud esperanzadora.

Son herramientas que canalizan un aprendizaje significativo con el propósito de visibilizar algunas causas y situaciones socioculturales que han sido invisibilizados, con el fin de continuar con el patrón establecido por décadas.

En razón de lo antes expuesto, todos los seres humanos independientemente de su condición social, gozan de un potencial en su interior que les permite superar etapas difíciles en los distintos grados y momentos a lo largo de la existencia. Fortalecer los factores protectores de supervivencia, reducir la vulnerabilidad de las circunstancias desfavorables y disminuir las ansias de dominio es lo que se desea para avanzar en igualdad de condiciones y descubrir el sentido de la vida.

El verdadero secreto de la resiliencia está en la naturaleza. Las plantas, en las peores situaciones, se adaptan a las tempestades y cambios climáticos como puedan y de la manera que sea.

Tienen la capacidad de resurgir en medio de las adversidades, florecer y cosechar sus frutos, para proporcionarnos la belleza de sus flores, proveernos de los alimentos y enriquecernos la vida.

Sentido de Vida, Género y Arte

Ilustración 4. Pichardo, M. (2021). Puerto Seco, de Venado, San Carlos, Costa Rica.

INTRODUCCIÓN.

Hace aproximadamente 125 millones de años según Boff y Morano (2004), surgieron los mamíferos y con ellos, fueron dotados de características particulares tales como; la emoción la simpatía y el cuidado, básicas para el futuro psicológico de la libido y la concreción de toda especie, incluidos los humanos.

Estos datos nos revelan que la existencia es una organización energética, y no una realidad fragmentada, cualquier perturbación en el cuerpo, mente o espíritu refleja una alteración en la totalidad del sistema. Siendo las emociones parte del todo, se conciben a modo de una energía significativa en el bienestar, razón por la cual son un factor determinante en la salud, en las circunstancias en que éstas se manifiestan excesivas e intensas a diferencia si no se expresan, y se reprimen.

Desde la cultura patriarcal el afecto no se manifiesta abiertamente, muy por el contrario, miles de niños sufren castigos crueles y tratos inhumanos, la mayoría de los varones crecen sin haber recibido muestras de cariño.

A las féminas se les consiente un poco más la ternura entre mujeres adultas, niñas y adolescentes, en cambio a los hombres se les consideran inaceptables, las expresiones de estima y son motivo de críticas, burlas y en algunos casos de señalamientos.

La sexualidad masculina le aprueba al hombre valorizarse y aumentar su autoestima mediante los éxitos sexuales que logra ir experimentando en su vida, pero este disfrute es una espada de doble filo. Por un lado, la sociedad le concede el goce sexual y por el otro la moral machista lo condena al desamor.

Estas y otras situaciones pueden que estén afectando a la humanidad, ya que los estados afectivos no solo constituyen una fuente de enfermedad, sino que también generan el resultado de un estado emocional persistente.

Es bien sabido que la motivación fundamental es la voluntad o búsqueda y realización de sentido en cada momento concreto y situación particular; cuando la necesidad humana no se satisface, se genera un vacío existencial que puede producir o incrementar afecciones.

Con base en la propuesta de las emociones, lo esencial no es darse cuenta cuál de los géneros siente menos o más, sino a quien se le permite con libertad expresar su estima y reconocer que el afecto es inherente al ser humano y nos posibilita compartirlo con los demás.

Es a partir de aquí que se requiere tomar con responsabilidad el compromiso real y total de lo que significa un adiós definitivo a las formas de ejercer dominación y desigualdades en pro de fortalecer la hermandad. En este aspecto, se pueda compartir la vida y los bienes de la naturaleza creando nuevas estructuras socio-económicas, políticas, educativas y espirituales; en el que se viva sin perjuicios con el propósito de asegurar en la práctica la igualdad de trato y de oportunidades.

En donde seamos capaces de respetar la dignidad humana, gozar de nuestro cuerpo con una profunda admiración por lo que somos, honrar a otras personas sin discriminación por alguna diferencia de pensamiento, forma de ser y orientación sexual.

Se hace necesario cambiar las "virtudes masculinas" como la rudeza, la agresividad, el dominio y destacar sobre todo la compasión, la dulzura y el amor.

De la misma manera transformar la "eficacia femenina" por ejemplo; las que aguantan, las dulces las recatadas las que son para los otros y resaltar su ser de mujer expresiva, activa y segura de sí.

La nueva sociedad diversa y compleja conlleva comprensión, conciencia y fraternidad, se centra en recuperar la pertenencia de la realidad cósmica en el cual los sentimientos de veneración y respeto ante la majestad del universo y del misterio de la propia existencia empiezan a concretarse.

Los seres humanos podrán vivir libres, los derechos y deberes tendrán el mismo valor, porque se crearon con el propósito de procurar la estabilidad social y una convivencia armoniosa entre los ciudadanos.

Sentido de Vida, Género y Arte

CAPITULO I:

MASCULINIDAD Y FEMINIDAD PRESENTES EN EL PENSAMIENTO HUMANO.

Las mujeres lideran el camino hacia una mayor resiliencia en donde se fortalezcan las relaciones de cariño y sostén que nos proporcionará la fortaleza para enfrentar los retos y los problemas inesperados.

Sentido de Vida, Género y Arte

Ilustración 3 Pichardo, M. (2021). El Castillo, Alajuela Costa Rica.

1.1. El comienzo histórico de la desigualdad.

Pareciera ser que desde los inicios de la humanidad los conceptos de masculinidad y feminidad, han estado presentes en el pensamiento humano.

Posiblemente se fueron estableciendo con base en reflexiones que las personas iban elaborando de acuerdo con los comportamientos, las acciones y potencialidades que los individuos desarrollaban y en el que se podía observar una distinción de ocupaciones que cada sexo desempeñaba.

Tomaron de cimiento las características sexuales externas y las diferentes funciones que se daba en el proceso reproductivo y le asignaron a la mujer y al hombre una serie de roles diferenciales en beneficio de la interrelación grupal.

Esto hace pensar que las comunidades primitivas eran menos jerárquicas y más orientadas a las actividades domésticas del clan, con el fin de obtener una sana convivencia en virtud de enlaces cooperativos y solidarios, que soportan desacuerdos y conflictos.

Si bien es cierto que los órganos genitales externos funcionan a modo de signo para atribuirle al bebé una identidad determinada, que le facilite la construcción de su imagen corporal, también ha desempeñado un papel protagonista de discriminación y dominación.

En este sentido, la genitalidad como función biológica definida, se convirtió en uno de los principales criterios que logró estructurar a la sociedad y ocupar un lugar en el quehacer comunitario, reproduciendo razonamientos hasta convertirlos en creencias aceptadas, creando modelos de desigualdad.

A partir de aquí estos reconocimientos ya no alcanzaron una misma valoración social, pues las tareas establecidas al varón, ocuparon mucho prestigio que provocó una posición de desventaja.

Con las sociedades cazadoras comenzaron las relaciones de fuerza y lo masculino pasa a ser el género predominante designándole a lo femenino la labor privada con lo que consignó los valores, con una visión integradora en el ámbito familiar, considerable del desarrollo personal y único para el cultivo de la imaginación, la capacidad de adaptación y el significado de logro.

Esta posición en desventaja, dio origen a una estructura patriarcal, que plasma una especie de realidad histórica en el fundamento de la familia, la propiedad particular y el Estado.

Es una de las áreas históricas de poder que encuentra su asiento en las diversas formaciones comunitarias y culturales. Se caracteriza por la opresión y discriminación de lo femenino, pero exalta la virilidad, el dominio y la masculinidad.

El patriarcado en tanto que es una organización jerárquica es explotador y opresor, se apoya en dos direcciones, el varón domina a la mujer y el macho de más edad al joven, supremacía que debe ser entendida como la dependencia total y absoluta de los vulnerables en relación con los fuertes, en donde el sometimiento a la obediencia hace que sobrevivan a estas barbaries, invisibilizando el comienzo histórico de la desigualdad.

Cabe subrayar que la hegemonía en mención se fundamenta a partir de la cultura, los atributos y las condiciones que son impuestas para el goce y disfrute de la sociedad machista, sin el consentimiento y lo peor de todo es que han sido consideradas inherentes a una femineidad desde los comienzos de las primeras sociedades.

También es considerable destacar que este sistema es un mal generalizado; ya que abarca los ámbitos femeninos, entre ellos: los sentimientos, las creencias, los comportamientos, las actitudes, el pensamiento, la mentalidad, el lenguaje, la valoración personal, actividades, esfuerzos vitales, maternidad, en los cuales la femineidad se expresa.

Así mismo consigue que en las labores domésticas encuentre su realización a través de acciones instintivas significativas por medio del amor, la abnegación y la dedicación, ya que de cierto modo la comunidad no le da un valor integral para el ser humano sin distinción.

En cuanto a los componentes de personalidad, relacionados con la sexualidad como; relaciones sociales y económicas, la atracción erótica, la fuerza creadora, los elementos constitutivos de las emociones, la actividad intelectual y política, dan sustento al comportamiento y manera de expresarse en los espacios de vida pública y privada, incluso en el cuidado con los demás.

Desde esta perspectiva las mujeres son creaturas construidas incompletas, primero por el reconocimiento ideológico patriarcal y segundo porque el varón en consonancia con lo simbólico son individuos plenos, completos y poderosos, le dan a la mujer un espacio en la sociedad como un ser en falta.

El Psicoanálisis plantea, que solamente el niño puede reconocerse plenamente en el deseo de su madre, no es ella por sí misma la que adquiere ese ser pleno, es el otro el que le da el lugar. Estas diferencias dieron origen al enfoque de género, quien se inscribe en un paradigma teórico, histórico y cultural.

Su finalidad es contribuir a la edificación subjetiva y social de una nueva configuración a partir de la historia, la tradición y la política, en la que reconoce la existencia de ambos sexos, el principio esencial en la construcción de la humanidad diversa y democrática en dirección a la equidad y en donde cada pueblo, grupo, y personas poseen una visión particular de lo creado, y que cuando se piensa en estos conceptos, hace alusión a una noción académica, ilustrada, científica, liberadora, creada con la mirada feminista.

En esta nueva visión teórica, es importarte considerar la subjetividad de los individuos en cuanto a las actuaciones, la propiedad de las percepciones, los argumentos y el lenguaje influenciados por su beneficio y deseos particulares a fin de integrarlos.

Es valorar la individualidad de género, en su aspecto social y afectivo, para elaborar parámetros y definir con mayor exactitud lo que se estima apropiado y objetivo, dado que los gustos y las motivaciones afectarán inevitablemente cualquier respuesta, conocimiento o conclusión.

No obstante, es necesario analizar con detenimiento la interpelación sobre cuáles son los sentimientos y los afectos que afloran en las diferentes situaciones del diario vivir, con el fin de obtener un resultado y tomar en cuenta la particularidad que se centra en el impulso pues la capacidad deseante del individuo hace posible la existencia aún en las condiciones más precarias, adoptando el papel de protagonista y arquitecto de su propia historia.

En tal sentido el contenido de la pasión define las aspiraciones de los seres humanos y estos van a depender del rol que tradicionalmente les hayan asignado y la carga afectiva que deposita en los quehaceres que habitualmente realiza.

Una de las emociones discutidas con frecuencia está relacionada con la sexualidad y en particular las relaciones sexuales genitales.

Con respecto a los hombres, se considera una oportunidad a fin de apropiarse de manera personal y directa de las mujeres con el propósito de dominarlas inconscientemente.

La libido masculina le consiente al hombre valorizarse y aumentar su autoestima mediante los éxitos eróticos que puede ir experimentando en su vida, sin embargo, este disfrute es una espada de doble filo.

Por un lado, la cultura le permite el goce y por el otro, la moral patriarcal lo condena al desamor, la identidad varonil se encuentra siempre a prueba.

Las muestras de ternura solamente son aceptables en una borrachera, fuera de allí son motivo de burlas y críticas. Por el contrario, en la mujer se da la represión del afecto que proviene de la ignorancia, la invisibilidad y el miedo. O sea, la libido femenina ha sido invariablemente definida desde el varón, es un producto discursivo atento para servir en función de la reproducción.

El comportamiento sexual y el objeto del deseo se construyen y se dirige a un fin de acuerdo con los intereses de una sociedad determinada.

La diferencia de criterio con respecto a las características de género en algunos casos, solo genera enfrentamientos y odio, no muestra avances significativos que lleve a una convivencia social saludable.

Es necesario y sano practicar la aceptación, que sobrelleva la expresión de ideas indignantes sin indignarse. Dicho de manera precisa, cuando se da la diversidad de posición hay una verdad incluida y es ésta la que hay que tolerar. Expresar fórmulas de educación que manifiesten respeto y tolerancia es vital en las relaciones humanas, ya que la cortesía es signo de gratitud. La existencia tiene cualidades y capacidades que nos llevan a valorar y respetar las diferencias de los otros.

Los contextos culturales de todas las épocas y civilizaciones deben ser conocidos a fin de interpretar la historia, el pensamiento lo sagrado, lo lícito, el honor, incluso el tabú.

La comprensión al otro en sus sentimientos, motivaciones, intereses, sufrimientos y desgracias nos lleva al reconocimiento de su ser subjetivo y despierta en el alma colectiva, la percepción de una comunidad humana.

Lo significativo aquí es entender que la ética para el prójimo debe comprender la necesidad fundamental de ser reconocido como sujeto, por los demás. Porque la naturaleza vista sin estereotipos es maravillosa y da la posibilidad de una mejor calidad de vida.

1.2. Educar desde la sexualidad de la ternura.

En los últimos años y ante los desafíos que plantea la sociedad con respecto a la desigualdad de género, y a la comunicación, es conveniente valorar si el mundo de posibilidades que posee la educación permite transformar el medio y la historia asegurándonos que no existe sueño ni meta imposible de alcanzar, y que ello solo depende de la actitud con la que enfrentemos las situaciones adversas.

El desarrollo humano implica comprender al individuo a partir de un conjunto de elementos, bio-psicosocial-espiritual, integrado por las emociones, la sexualidad de la ternura la espiritualidad y la diversidad en un multiverso existencial. Se hace necesario que la enseñanza se apropie del lugar particular y de la colectividad como ciudadanos del cosmos. Este será el núcleo esencial formativo del futuro.

Enseñar la condición humana es una aventura común que ha promovido el sentir humanitario de reconocerse y simultáneamente reconocer la complejidad cultural inherente de la naturaleza. Resignificar la vitalidad de forma integral corresponde situarlo en el universo y al igual que cualquier otro conocimiento, es indispensable contextualizarlo.

Esta es la razón por la que se debe reflexionar sobre cómo educar y despertar la conciencia. El aprendizaje es un fenómeno biológico fundamental que envuelve los espacios de la realidad en total integración del cuerpo con el espíritu y cuando esto no ocurre se produce enajenación y pérdida del sentido social e individual y en la convivencia cotidiana.

Conocer equivale a enriquecer la capacidad de acción y de reflexión; es abrirse en comunión a toda la creación, en una unidad dinámica de ser y crear, donde coinciden los procesos vitales con las experiencias y logros vivenciados que vamos adquiriendo a través del tiempo.

Aprender es por lo tanto un proceso orgánico de los seres vivientes, pero principalmente los humanos, la requieren para ser, vivir, flexibilizarse, adaptarse, reestructurarse, interactuar, inventar y coevolucionar, convertirse en sujetos aprendientes significa estar vivos. De manera que se aprende durante la existencia y mediante todas las formas de expresividad.

De esta manera la teoría de Charles Darwin sobre el origen de las especies nos viene a iluminar a través del proceso de evolución, el recurso por el cual los organismos vivos que lograban adaptarse a las circunstancias sobrevivían, y podían continuar reproduciéndose y preparando el cosmos para que existiera la vida.

Este periodo significó proteger el principio de conservación; ya que la existencia se gusta, se ama, y en consecuencia se amplía como atributo esencial de todos los seres en el Universo.

El sentirnos fascinados por los procesos complejos de la creación, es la expresividad de un romance loco en cualquier etapa del desarrollo humano. Por consiguiente, el conocimiento se da siempre en el placer, en el gozo, incluso en la ternura.

Partiendo de aquí, comunicar desde la emoción constituye una aventura humana, que compromete la sensibilidad, la apertura y el agrado de escuchar al otro. Es a partir de la convivencia, que las dimensiones del ser y del crear se van moldeando por medio de las emociones y las acciones que los educandos exteriorizan diariamente.

Estos anhelos cósmicos de exploración, de crecimiento e interacción surgen de lo profundo de nuestro ser y son los que crean el maniobrar de las inteligencias y abren los caminos, hacia posibles consentimientos para ser establecidos habitualmente. Bajo la mirada autopoiética, el aprender implica transformarse en coherencia con la satisfacción, es el resultado de interacciones recurrentes, donde dos o más sistemas interactúan.

Se puede conocer y evaluar cuando un individuo adquirió un nuevo aprendizaje, porque con el cambio se beneficia y mantiene su propia organización.

La nueva educación está asentada en el placer de aprender, crecer y fortalecerse para que el aprendizaje fluya en su dimensión vitalizadora cuando se dispone de vínculos seguros con la ternura.

Por eso se requiere de una conversión sensible y afectiva con el propósito de darle un nuevo significado a la pedagogía. Desde esta perspectiva el arte supremo del educador consiste en despertar e incrementar el gozo de la expresión creativa y preparar los ambientes de enseñanza como espacios de acción, reflexión y de convivencia que posibilite la construcción y re-significación de las relaciones consientes en el cual, los aprendientes puedan iniciarse como personas capaces de ser co-creadores con otros, de un entorno más respetuoso de la existencia y la dignidad humana ya que, en la magia de observar, oír, oler, tocar y reflexionar, hace visible esta realidad, "porque el encanto evoca a la existencia y a la vida".

Es crear las condiciones que lleven al individuo a ampliar su capacidad de actividad y entendimiento del entorno en que vive, contribuyendo en la conservación y transformación de la comunidad y el ecosistema natural al que pertenece de forma responsable.

Por tanto, es conveniente admitir que la realidad puede ser pensada, analizada, observada, refutada o construida de diferente manera, a partir de un análisis reflexivo y crítico con una conciencia social humanitaria, partiendo de lo que cada uno es y se expresa.

El gran reto con respecto a una pedagogía de la ternura es restablecer las bases del respeto que se da en el reconocimiento de la diversidad como condición para elaborar estrategias que garanticen la igualdad de trato y de oportunidades.

Desde el amor y la armonía con el cosmos que es la casa común, honramos cada forma de vida, porque la energía divina esparcida en toda la creación va dando curso a la evolución en cada forma de su manifestación, proporcionando el aprendizaje necesario para auto dirigirse, y llenar nuestros campos de conciencia en una integración con la mente universal. En este sentido lo que nos hace seres aprendientes, cooperativos y armoniosos, con la conciencia de sí mismo y de los otros, son las chispas creadoras de la divinidad, con la intención que las esferas de nuestro existir vivan en la luz.

En este sentido, la existencia no estaría asociada solamente a la dimensión constitucional, sino también a convivir saludablemente. Es la forma que determina, en parte, el caminar presente y futuro de todo ser humano.

Estamos orientados en la relación con el otro y admitir todas las dimensiones de encuentro posible, en la medida en que las emociones fundan los espacios de acción y constituyen esos momentos en que se pueda experimentar paz y tranquilidad en medio de la incertidumbre. La verdadera sabiduría consiste en poder ser felices en el mundo, sin pretender acomodarlo a la manera de nosotros.

Nuestra paz interior y la felicidad dependen de aceptar que no se puede elegir lo que se cree que debería ser, pero sí escoger la forma en que se pretende descubrir lo que ya se tiene.

Considerablemente en el placer de aprender los principios básicos para reencantar la educación, es que los aprendientes logren formarse en ambientes donde se mantenga viva la sed del conocimiento y la exploración, ya que el comportamiento agradable y liberador determina la fase de enseñanza - aprendizaje.

Adicionalmente, enseñar y asimilar no puede darse fuera de la búsqueda de la belleza y la alegría, precisamente porque estas cualidades de acuerdo con la autopoiesis, conducen al saber y lo trascienden por intermedio del ciclo creativo de la humanidad, en el cual los aprendientes trasforman sus capacidades mentales en habilidades académicas. Lo que significa que el sistema es capaz de autoorganizarse y autoconstruirse, dependiendo de la vivencia, entre otras posibles situaciones en las que se pudiera encontrar.

Emerger nuevas estructuras interactivas, dinámicas y complejas, inherentes en toda interacción humana, e impulsar los procesos esenciales de crecimiento y consolidación debe ser una labor constante, apoyada y necesaria, en aras de alcanzar su desarrollo transformacional.

Desde esta perspectiva, la enacción que busca articular ideas que permitan una naturalización de los fenómenos, procesos o condiciones mental sin reducir la autonomía epistémica y ontológica de los dominios de la vida, de la experiencia subjetiva y de lo social, permite germinar las transformaciones cognitivas, socioafectivas, culturales y las reproducciones diarias que se manifiestan en la cotidianidad las cuales constituyen el elemento cultural que se incorpora mediante la socialización y el acople dinámico entre el agente autónomo y su entorno.

En este sentido, educar la sexualidad y la sensibilización de los géneros, es proporcionar el procedimiento idóneo para abrir espacios en donde el sujeto se eleve en una donación total de sí en correlación con el otro.

El pensar enactivo induce a los estudiantes a legitimar la inclusión de la existencia humana en la naturaleza, comprender al ser humano en el marco integral de la biosfera y el cosmos inscrita en el interior de nuestra propia organización viviente.

A partir de aquí se puede entender cómo los seres humanos pertenecen a una totalidad en la historia, el medio ambiente y la cultura, así mismo los avances continuos del vivir, que van dando forma a nuestras expectativas, pueden ser evaluados en los procesos de formación a través de las vivencias cotidianas, en una circularidad creativa.

1.3. El aprendizaje de la vida en la dimensión espiritual integral.

La nueva era planetaria plantea considerables desafíos con relación a la enseñanza en la grandeza de la vida humana, que conlleva elementos espirituales y emocionales tomando en atención que en la actualidad no son la preferencia en un mundo globalizado, materializado y competitivo.

Es muy significativo que se realice una revisión concerniente al currículo en los ámbitos formativos, ya que hasta el momento han preparado grandes genios, no así extraordinarios seres humanos.

Reflexionar sobre el avance evolutivo de la creación es fundamental a fin de darnos cuenta si la educación se ha quedado distantes en dimensiones fundamentales de la humanidad como la espiritualidad, las emociones y la sexualidad.

Se hace necesario un nuevo procedimiento que enseñe a aprender y a la vez que proporcione un ejercicio de resistencia espiritual, organizada y permanente contra el prejuicio, que permita educar y educarnos en la sensibilidad, el amor y nos dé un trayecto armonioso de aproximación a la realidad existencial.

La senda adecuada para comprender el universo y al ser humano ha sido siempre el acercamiento a la conciencia suprema que se puede proporcionar a través de la meditación y el conocimiento enactivo.

En el pensamiento complejo está el secreto que crea y recrea en el mismo caminar, no existe un método fuera del contexto en el que se encuentra el individuo. Referente a lo sagrado, la práctica vivencial es necesaria con el fin que se dé un auténtico aprendizaje.

Las enseñanzas místicas trazadas desde una perspectiva transcultural e integral, diseñadas con aspectos del proceso psíquico y acompañadas por la meditación y otras prácticas parecidas, producen en el aprendiente carácter que, aun dejando los ambientes educativos, estaría dotado de las herramientas básicas y necesarias que el progreso anímico lo manifiesta en la convivencia diaria. Esta manera idónea puede devolverle al universo personas capaces de servir con generosidad.

Es considerable tomar en cuenta la experiencia vivenciada de la humanidad con el propósito de educar y educarnos, ya que, es imposible hoy en día encasillar el pensamiento en estereotipos discriminatorios.

No obstante, la educación integral valora las funcionalidades de los espacios educativos, las áreas de encuentro provechosas y fructíferas con el fin de enseñar los principios universales por los que se rige la sociedad en adhesión a un determinado perfil deseable con base en una formación para la vida. El crecimiento espiritual conlleva a encontrarse consigo mismo, contar con una personalidad y un proyecto acompañado de autenticidad.

Cada ciudadano habitante en la era planetaria es capaz de convertirse en un sujeto único y especial diferente de quien haya de existir en el futuro; por esta razón necesitamos aprender a proyectarnos y creer en el éxito.

Llegar a ser, suele entenderse como lo suficientemente valioso para obtener reconocimientos, o en el mejor de los casos, desarrollar potencialidades, tener metas, poseer sentimientos de hermandad, mirar al frente, acariciar los sueños y el mañana marca la meta que sin dudarlo es la realización plena.

En relación con eso, la mayoría de las grandes civilizaciones humanas coinciden fundamentalmente que el bienestar humano consiste en la práctica de una espiritualidad entendida con conocimiento, que nos lleva a vivir con la responsabilidad de contribuir con la evolución de las demás especies, con el fin de conseguir la autorrealización completa de todos los seres de la creación.

En este sentido, todas las personas sin excepción están dotadas de un potencial creativo y de aprendizajes significativos prácticamente ilimitados; y que el noventa y cinco por ciento de lo que sabemos sobre la capacidad del cerebro ha sido descubierto en los últimos años. Por lo tanto, buscar la plenitud y abrirse a ese ser interior, es la oportunidad más grande que hemos de explorar y elegir a fin de fomentar una mente positiva que apropie la decisión de percibir la existencia con optimismo.

Con base en lo anterior, se podría pensar, que los grandes genios, poseían elementos claves que lograron cultivar la sabiduría, e inspirarnos en la realización del potencial humano.

Estos fundamentos forjaron en el individuo los conocimientos básicos para estudiar, asimilar, vivenciar y trascender de manera que se puedan abrir al mundo de posibilidades desde la gratitud con miras de despertar el alma y el pleno florecimiento del espíritu.

Se proyecta la necesidad de una tecnología de lo humanitario, a fin de contar con una ciencia del sentimiento que utilice una metodología eficaz, con la finalidad de sembrar una postura bondadosa. No obstante, el camino del desarrollo une así la psicología y la espiritualidad, descubriendo en forma gradual la bondad y la plenitud que se ocultan en el fondo del corazón de la realidad humana.

En relación con el amor cósmico, nos integra y nos da la fortaleza unificadora que se expresa en el universo, cuando hay encanto, dado que es lo que crea y recrea existencia. No hay entendimiento más profundo que la pasión, ya que es la fuerza omnisapiente que invade, penetra y lo llena todo.

Es el principio que anima el cosmos, es esa energía vital, que está presente en todas las cosas. Esto significa que si da ternura, su actitud compasiva te hará crecer, y brillar a modo de una luz que resplandecerá en la oscuridad de nuestro tiempo.

Con el afecto se llega al conocimiento insondable, e impulsa a los seres humanos a pasar toda la vida aprendiendo y creciendo. En este sentido, cuanto amemos la creación entera como son los árboles, la tierra, el agua, los hombres, las mujeres, los niños, y a sí mismo se gozará de la salud y del verdadero yo.

Buscamos la belleza que nos da magia, nos exige ser auténticos y nos sacia con la estrella de la prosperidad el mejor secreto a fin de obtener vitalidad y profundizar en la dirección de la felicidad.

El planeta tiene algo potencialmente sorprendente para cada sujeto, lo conveniente es abrirse a la gracia de las oportunidades que llegan y dar bienvenida a un futuro maravillosamente atrayente.

La importancia de considerar la vida y el universo como metas estructuradas evolutivas; debido a que en este mundo unificado no hay nada estático ni al azar, todo tiene una razón de ser, por lo tanto si somos un proceso vivo y evolutivo, nos corresponde buscar el sentido de la existencia, de dónde venimos y cuál es el camino seguro que tome en consideración la totalidad del ser, cuerpo, emociones, intelecto, psíquico, el pasado, el presente, el futuro y en general la integridad del ser para llegar a ser personas completas.

Una enseñanza nueva de sentimientos que lleve al individuo a obtener, salud mental y una sólida capacidad de amar. El despertar espiritual, supone eso el nacimiento del yo y a la vez el alumbramiento del nosotros.

Desde la era planetaria, el principal objetivo de la formación es entusiasmar conciencias, ciudadanos protagonistas, conscientes y críticamente comprometidos en la construcción de la civilización del amor.

Esto implica comprender la mente humana a través de una verdadera contextualización del planeta; y se constituye en el primordial desafío. Es la lucha por la defensa y el devenir de las finalidades terrestres, la salvaguarda del género humano y la subsistencia de la hominización.

Es por medio de la integración con el cosmos, nuestra experiencia individual adquiere inmortalidad, lo que experimentamos se convierte en parte del banco de la memoria colectiva de la humanidad, para que pueda ser conservado en el cerebro y leído una y otra vez por las futuras generaciones.

CAPITULO II:

EL ARTE TRASCIENDE MÁS ALLÁ DE LA MIRADA.

En el arte cada individuo trasciende su propia persona para fundirse en los demás. La manifestación artística es hacer partícipe al otro de las más profundas emociones sentidas en él.

Ilustración 6. Pichardo, M. (2021). Grecia, Costa Rica.

2.1 El arte es una expresión de lo sublime.

El arte es un componente cultural que está expreso en la naturaleza en la sociedad y en la ciencia. Se entiende en calidad de instrumento, muy potente de expansión y autoconocimiento, en la que el individuo busca conocer y penetrar en la organización conceptual de la realidad, ya que tiene una intención estética y comunicativa con el que expresa ideas, emociones, espiritualidad y de intelecto.

De este modo el sujeto ha explorado diferentes caminos con la finalidad de instaurar un futuro abundante de logros, obteniendo así el momento grato para expresar la imaginación y el gusto por lo creado.

Ser creativos es una manera de encontrarle sentido a la vida, es decir, el ser humano necesita dotar de significado su existencia y la creatividad da la oportunidad de descubrir el encanto porque es una manifestación de lo sublime y proporciona placer a sí mismo y a los demás.

Es una habilidad muy poderosa para desvelar conflictos emocionales que han estado enterrados durante meses o años y de esta forma sanarlos, mejorar las relaciones afectivas y con el medio.

Es una excelente herramienta que ayuda al crecimiento personal y el desarrollo creativo de los artistas. Visualizar el arte como expresión humana, significa estimular los sentidos con el propósito de despertar y contemplar la belleza, en un espacio celestial.

Cuando la conciencia se abre a la totalidad de la gracia, nuestro cuerpo se convierte en un organismo lleno de aberturas, que lo mantiene despierto a todo tipo de señales, que le permite entrar en un mundo sabio y desconocido, y en donde adquiere un resultado con el fin de aumentar las potencialidades que ayudan a construir eslabones sagrados.

Por eso cada acto que se vive con amor, goza de una aceptación a nivel físico, psíquico, orgánico y emocional, ya que contiene reflexión y cuidado de quienes son personas que están en ese proceso de conocimiento, que buscan cultivar la mente para trascender el entorno dado que innovar es una revelación del espíritu.

A partir de esta premisa el aprendizaje se vislumbra asociado con el deseo y la pasión. Aprender significa trazar un camino entre luces y sombras. Los desiertos son sagrados, pero hay que estar vigilantes con los espejismos que nos alejan de las aspiraciones, nos devuelven imágenes de agua, y son ilusiones que buscan un estado de deterioro del alma y no deja descubrir su valor íntimo y mucho menos sus condiciones de apasionado.

El encantador debe vencer todos los obstáculos que se le presentan en cada paso del viaje para lograr la meta, alcanzar la sabiduría y por ende una condición saludable lleno de dinamismo que implica esplendor.

Es muy significativo pensar que la belleza humana la del cuerpo y el rostro son fascinantes, conmueven y hacen feliz, sin embargo, el individuo posee un atractivo interno que se haya enfocado en la bondad, la fortaleza de carácter, la lealtad y en su originalidad.

En este sentido la hermosura de una mujer resulta atractiva no solo por su apariencia física, sino por la actitud, la gesticulación, la mímica, la voz, el olor, la vitalidad, el ingenio, la compasión y la inteligencia, sin dudarlo, lo hermoso se encuentra para ser apreciado, ya que resplandece internamente.

Cabe destacar que todo lo bello que está en lo profundo de nuestro ser, en la integridad de las emociones y en la claridad espiritual, nos dan la posibilidad de mantenernos vivos, subsistir más allá del vacío existencial y los conflictos propios de la vida, hace conquistar los sueños, las metas, los deseos y otros territorios desconocidos por explorar.

Porque un espíritu fuerte y seguro de sí, siempre consigue lo que quiere, lo sublime es un resplandor que engendra amor en quien lo contempla.

Crecer artísticamente en lo bello significa desarrollar la capacidad de sentir, percibir y navegar a un territorio llamado arte. La habilidad es ilimitada, trasciende más allá de los márgenes del conocimiento que son espacios de relación con el fin de vencer las resistencias en el avance de crecimiento.

Estas herramientas sensoriales nos hacen conocer el poder que tienen las manos y en donde lo que tocan se volverán puertas para acceder a la sabiduría y trascender al prójimo; ya que un acto de recrear realmente es una acción de amor.

Lo sublime se caracteriza por ser pequeño, tierno y delicado, nos lleva a mundos desconocidos a fin de tomar conciencia, aceptar con gratitud que somos esa gran obra que está en proceso.

Encontrar el valor de nuestra existencia implica un sistema profundamente personal e intrépido, una exploración que toma un poco de tiempo y que constituye la búsqueda elevada a la que un ser humano puede aspirar.

Así, el concepto de arte, nos invita a buscar aquello que amamos y no dejarlo ir y quizá también a descubrir el mérito de lo que hacemos como algo que nos ayuda a evolucionar, porque esto solamente fructifica en una vida en progreso.

Michele y Bernstein (2002), proponen algunas herramientas que constituyen el núcleo de la actividad creativa que hace de la creación una gran obra maestra y en ellas incluyen, la abstracción, el reconocimiento y la formación de pautas, la analogía, el pensamiento corporal y dimensional, la empatía, el modelado, el juego, la transformación y la capacidad de síntesis.

Además, plantean que, en el principio, todo conocimiento llega a través de la observación, la disposición de prestar atención a lo que vemos, escuchamos, sentimos y tocamos, a pesar de ello, tenemos que ser capaces de percibir adecuadamente el medio circundante para observar, pensar e innovar.

Recrear las impresiones o sensaciones de cualquiera de nuestros sentidos constituye una herramienta básica de la imaginación, son agradables y complejas que las personas creativas recurren a la contemplación como un instrumento esencial que a cualquier edad se puede cultivar.

Es fundamental reconocer que lo bello también es físico, pero estas valoraciones son muy objetivas precisamente porque requieren de la opinión de los demás. En este sentido, lo que sí se sabe es que lo hermoso es algo más que la suma de las partes y consigue ser muy diversa, por lo tanto, no existe un único prototipo de belleza, sino un abanico de bellezas.

Sin embargo, se tiene que contar con la atracción de los atributos del corazón, o del carácter, la firmeza de voluntad, la determinación, el valor, la sinceridad y la bondad; no obstante, lo que solemos entender por ser atractivo es solamente una parte, ya que nuestro ideal cambia a medida que adquirimos experiencias respecto a otros rasgos.

No hay que olvidar que la belleza es un indicador de cualidades genéticas, como por ejemplo un buen sistema inmunitario, la salud, la cualidad socialmente deseable, lo bello es la manifestación de Dios, y el poder superior que está dentro del alma es el sustento para construir una nueva civilización, vislumbrando la eterna evolución de la humanidad.

Lo convenientemente es que independientemente si soy atractivo o no lo meritorio en mí es que yo me ame y me acepte por lo que soy, no por lo que tengo o pueda mostrar.

El adjudicarse uno mismo un ser humano valioso y especial, es lo que da significado a nuestro ser, solamente alcanzamos la certeza de que lo estamos intentando y declarar con palabras poderosas, me valoro, me quiero y me respeto igual que admiro y estimo a todos los seres de la creación.

El desarrollo del arte debe seguir el latido de la transformación de las generaciones y el pulso del progreso de los pueblos. Mientras haya trasmutación en el individuo, hay cambios en el talento; ya que es la continuación del conocimiento.

El sentido de la vida, finalmente, se encontrará en la aceptación de la existencia tal cual es, no es una acogida conformista, al contrario; gracias a nuestra posibilidad creadora podemos consentir activamente, buscando en nosotros la felicidad más allá de no tener el control sobre todo lo que nos rodea.

CAPITULO III:
ALTERNATIVAS PARA UNA ENERGÍA SALUDABLE, EN MEDIO DE UNA CULTURA DE GÉNERO.

Creo en que todas las personas que habitamos este planeta tenemos la misma dignidad, creo en el derecho a la vida y en la libertad con responsabilidad.

Creo en las diferencias biológicas entre hombres y mujeres y creo en el valor de la familia.

Sentido de Vida, Género y Arte

Ilustración 7. Pichardo, M. (2020). Grecia, Costa Rica.

3.1: Género y sentido de la vida.

El bagaje de experiencias y situaciones vivenciales de un sujeto si resultan ser enriquecedoras y gratificantes, deben ser recuperadas y analizadas con el fin de fortalecerlas y encontrar mejores alternativas para una energía saludable en medio de una cultura de género que busca la igualdad de participación, acceso y contribución, aparte de ser un derecho humano.

En el momento en que la mujer comprenda sus patrones internos y vence una serie de dicotomías restrictivas, tales como, madre, amante, profesional y ama de casa, logra el equilibrio existencial de sentido.

Cada individuo obtiene un significado fuerte y arraigado a sus vivencias y puede aferrarse al olvido y la negación de sí mismo o cambiarlas en aprendizajes positivos para avanzar y fortalecerse. Se hace necesario poseer el conocimiento de las acciones porque cuando las personas encuentran el motivo de su autorrealización y gozan de una personalidad lozana que las caracteriza con la capacidad de percibir la realidad sin deformarla, se aceptan así mismas y comprenden al otro desde su naturaleza humana.

Son individuos autónomos que aprecian con frescura e ingenuidad las cosas buenas de la vida, disfrutan la mística, los sentimientos de hermandad, la creatividad, la capacidad para establecer relaciones íntimas estables y se vuelven resistentes a la presión social.

Relacionado con lo anterior, el concepto de sentido de vida se concreta, por medio de la realización de valores, orientados hacia algo más allá de uno mismo, de los otros, del trabajo y la motivación.

A través de la vocación de servicio que se traduce en proactividad, empatía, compromiso y un accionar solidario se recibe una recompensa que se puede calificar interna o espiritual.

El individuo se realiza en el mundo y dentro de sí. Toma en consideración la noción biopsicosocial espiritual, que integra elementos biológicos, psicológicos y sociales que le permite estar consciente de su realidad.

Con libertad y responsabilidad constituye los objetivos o aspiraciones que tiene en mente a fin de dar respuesta a la propia identidad. La autotrascendencia involucra las emociones, el carácter, la aptitud de resistir, los aspectos positivos de la personalidad y la confianza en la fuerza interior.

La resiliencia no es un rasgo que las personas simplemente poseen o no, implica conductas, pensamientos y actitudes que se adquieren, para enfrentar con fortaleza los tiempos adversos, la esperanza y la positividad son los ejes centrales del avance.

La postura humanista sostiene que en la existencia integral del ser humano, existe un núcleo central que le concede significado a las cosas, es personal, y se encuentra aún en aquello que nunca fue percibido.

Este eje vital estructurado posee conciencia y simbolización, que impulsa a la autorrealización con capacidad para elegir y ser. De igual manera, es capaz de sostener una relación profunda entre sí, creando un sistema de valores y creencias de significados profundos. Rogers (1989), uno de los principales exponentes del humanismo, resalta el continuo empeño en la liberación de las fuerzas, como motor de la actualización de sus potencialidades a partir de la convicción y el respeto.

Valora aprender de la experiencia y hace que el quehacer cotidiano sea significativo, porque ha aprendido a respetar las necesidades psíquicas, a percibir los sentimientos y las sensaciones.

El afecto puede ser definido como una fuerte vivencia emocional que transcurre enérgicamente. En este estado el ser humano queda prendado de lo que ha provocado vivenciarlo y ello altera el curso de los procesos intelectuales.

La puesta en práctica es un factor de suma importancia en el diario vivir. A lo largo de los años, los estudios muestran que el crecimiento y desarrollo en ambientes donde se manifiesta la ternura, refieren resultados saludables.

De la misma manera crea un clima saludable personal y colectivo. En la vida cotidiana el cariño que se le da a otros, implica agradar y proporcionarle bienestar. La experiencia enseña que, dar amor requiere esfuerzo, cuidado, ayuda y comprensión.

Es la forma general en la que se expresa la necesidad de ayuda social, así los individuos dependientes socialmente, entre ellos los niños y los adultos mayores son los seres que más lo necesitan para sobrevivir.

3.2. Género y Resiliencia.

El ser humano desde siempre se ha caracterizado, por buscar en todas las direcciones la necesidad de encontrarle sentido a las diferentes circunstancias que se le presentan a lo largo de su existencia, a veces siendo realidades sin trascendencia y en otros casos con profundidad que marcan y condicionan la individualidad personal.

Está claro que algunas personas resisten las situaciones adversas de manera más favorable que otras. Hasta hace poco, esto se explicaba como una característica interna de algunos sujetos favorecidos, pero recientemente se empezó a tener en cuenta la interacción, el ambiente y las condiciones de vida, dando inicio el constructo de resiliencia.

La teoría plantea que esta fuerza vital es la capacidad del individuo de ser asertivo para sobreponerse a períodos de dolor emocional y traumas le permite recuperarse cuando es sometido a adversidades.

Es un factor que protege de los desequilibrios psicológicos en las etapas del desarrollo, ante estados de vulnerabilidad, provocados por la exposición a ambientes violentos, pérdida de seres queridos y separaciones.

La resiliencia es un llamado a enfocarse en los recursos potenciales y personales que permitan enfrentar momentos críticos y fortalecerse. La psicología y ciencias sociales toman este término para explicar los resultados sorprendentes de algunas personas que han sido incidentes adversos de gran magnitud, como la violencia de género.

Los aprendientes resilientes son capaces de desarrollar una autoimagen positiva esencial para quererse, aceptarse y valorarse, a fin de obtener un bienestar físico, cognitivo y espiritual. Frankl en sus propuestas profundizó en la necesidad de transformarnos cuando no podemos cambiar las sincronías que nos rodean.

El exponente de la logoterapia es un vivo ejemplo que nos muestra cómo la resistencia nos confiere propósitos y competencias para hacer frente a las adversidades asertivamente.

De igual manera detalla que mientras se encontraba en los campos de concentración solía construir un esfuerzo mental.

Se imaginaba a sí mismo en un futuro no muy lejano, dando conferencias, explicando la forma sana de manejar el trauma de la guerra. Aquello le permitió encontrar un refugio interno con el fin de mantener a salvo la esperanza y su fortaleza psicológica.

Elaboró un propósito en su horizonte e hizo de esa meta un ancla a la que aferrarse. Logró dar sentido a lo inexplicable, deseó que el horror y el sufrimiento experimentado tuviera un significado vital: el aprendizaje idóneo para enseñar a otros a sobrellevar el dolor emocional.

Desde la Logoterapia, la disposición que se asume ante la vida y las propias dificultades es lo que determina la capacidad para afrontar cualquier problema.

En nuestras manos está elegir la postura más adecuada, la de no rendirnos, la de conservar el optimismo y confiar en que el pasado no tiene por qué determinar nuestro porvenir.

La actitud y el talento de transformación que nos asiste a sobreponernos a la adversidad, forman parte del potencial que llevamos dentro, no es el contexto o las circunstancias lo que nos determinan, sino las decisiones y los pensamientos que elegimos y creemos.

3.3. Autoconocimiento a través de los arquetipos femeninos.

La nueva psicología centrada en el género femenino propuesto por Jean Shinoa Bolen (2015), en su libro Las Diosas de cada Mujer, plantea una vía asertiva para resignificar las experiencias vividas por las mujeres a través de épocas y civilizaciones.

Por medio de personalidades mitológicas alecciona sobre las cualidades, características, obstáculos y fortalezas que las definen y profundiza en un concepto llamado arquetipos o patrones de conducta que conforman maneras específicas de ser, llenándolas de energía, valor, perseverancia y pasión.

Estos esquemas intrínsecos toman modelos ejemplares importantes del olimpo, que representan diversos tipos de rasgos y funciones, que ejemplifican una excelente senda de autoconocimiento, como son la autónoma Artemisa; deidad de la caza y de la luna, Atenea; diosa de la sabiduría y de la artesanía, Hestia; del hogar y de los templos.

Este nuevo pensamiento permite encontrar una explicación a las tareas que desarrollan en la sociedad actual: la función de esposa o pareja, madre, trabajadora, administradora, profesional, sostén emocional del hogar y conferir un sentido de vida que desborde magia y vitalidad.

Las arquetípicas doncellas se caracterizan por ser independientes y completas. Disfrutan de sus trabajos, siguen sus ideales y creencias con solidez y se bastan a sí mismas para ser y crecer. Son divinidades vírgenes, seguras de sí y no han permitido que el dominio masculino o los paradigmas de la colectividad hayan violentado su alma. Guerreras dispuestas a enfrentar con valentía las pruebas impuestas por las costumbres y solo escuchan a su voz interna.

No procuran hechizar a ningún hombre por su amor propio y entienden lo necesario que es vivir en manada con el fin de sobrevivir y avanzar juntos.

Están enfocadas en desarrollar sus talentos, permitiendo unir su espíritu con el arte y su mente con la ciencia. Son conocidas por sus hazañas y sus dones impecables.

De igual manera se encuentran las deidades vulnerables, las cuales necesitan una relación para sentirse completas, fueron violadas, raptadas, dominadas y humilladas por dioses masculinos.

Ellas son, la nutritiva Demeter, Era, diosa del matrimonio y Perséfone, reina del dominio subterráneo. Estas tres doncellas sufrieron por la ruptura de un vínculo sentimental, experimentaron la impotencia, les asignaron tareas específicas y pueden pasar por periodos de felicidad, los que consideran espacios de protección y seguridad, sin embargo, ante una situación adversa sienten sufrimiento.

Por último, se encuentra la fase del renacimiento y la trasformación, es un periodo de quietud y serenidad, aquí logran encontrarle sentido a su existencia y a sus roles, por lo que tienen la oportunidad de volver a su estado de divinidad recuperando su condición de seres independientes, integrales y dueñas de sí.

Por su parte, el arquetipo de Afrodita se rige por el disfrute del deseo, la belleza, la sensualidad y promueve la realización de las funciones creativas.

Desarrolla sus propios valores internos, impulsa sus metas y propósitos con independencia y sin detenerse en lo que piensen los demás. Desde esta perspectiva, la deidad que cada mujer posee es una guía espiritual que orienta el rol que cumple todos los días considerable en la sociedad, en donde sus energías femeninas son necesarias y su equilibrio significativo es vital a fin de mantener el orden social y la economía de un país.

El reconocimiento es para lo sagrado femenino que ha dejado una huella imborrable en la humanidad, enseñando nuevas formas de evolucionar y que un día libremente, abrazaron e eligieron caminar porque vieron ciertos patrones colectivos inconscientes, que se pueden comprender sin importar la cultura, el lenguaje el momento histórico y descubrieron su propio misterio.

Es una vocación a fortalecerse interiormente sin buscar una semejanza con el hombre, sino justamente siendo un complemento maravilloso, con el fin de crear juntos un mundo de esperanza.

Luchar con el fin de que las generaciones venideras, puedan encontrar los vínculos afectivos que generen vida, y permitan expandir la mirada al amor. Dar frutos a través del ejemplo y la entrega incondicional que comprende el significado de la feminidad.

3.4. Trascender la aptitud humana de sobreponerse.

La capacidad humana universal para enfrentar las adversidades, superarlas e incluso ser trasformado positivamente por ellas, lo vivimos todos los días unas con menor dificultad y otras con gran intensidad, el dolor, por tanto, es una circunstancia inherente a la existencia que nos permite el progreso, la adquisición de conocimiento, virtudes y fortaleza.

Edith Eger (2018), en su libro La Bailarina de Auschwitz, por medio de una emocionante historia de superación y crecimiento personal, nos muestra esta cruda realidad, producto de un pasado que incluye desigualdades sociales, injusticias, rechazos, humillaciones y destrucción, a veces manifestada a nuestra conciencia y en otros momentos a la inteligencia cósmica en la que se refleja la humanidad.

Describe la forma en que los nazis invadieron el pueblo de Hungría y cómo se llevaron una hermosa joven de dieciséis años con su familia a Auschwitz. Una vez allí enviaron a sus padres a los campos de concentración y ella permaneció con su hermana, pendiente de una muerte segura.

Por diferentes medios, se conoce las crueldades que se practicaron en esas celdas con los detenidos, pero no lo suficiente, como el testimonio de quienes vivenciaron esos hechos y lograron sobrevivir, ya que no solamente se limitan a contar esa experiencia, sino que la trascienden hasta el presente, con el fin de mostrar la aptitud imperiosa de sobreponerse al exterminio, y reconstruir una vida con sentido, después de elegir vivir aun en situaciones inhumanas, cuando ya no les quedaba nada, únicamente su alma desnuda.

Por medio de valores trascendentales como la luz de la esperanza, la solidaridad, la compasión y la fe en la nobleza del alma, se puede fortalecer el espíritu para que aún en las peores condiciones humanas salga avante. La capacidad de restructuración consolida la poderosa voluntad de vivir y sobreponerse al dolor por la pérdida de seres amados, de resistirse a la humillación de la dignidad humana, al hambre, la miseria y la muerte.

Por cosas del destino, Eger se encuentra con otro sobreviviente judío, el Psiquiatra Viktor Frankl, quien le hace comprender la importancia del libre albedrío en donde se elige cómo reelaborar y resignificar experiencias traumáticas, y sanarlas a través del perdón.

Fue en ese momento, cuando se dio cuenta de la necesidad de curar sus heridas, de hablar de un pasado aterrador que había vivido y de perdonar como camino de sanación.

Al fin pudo bailar magistralmente su apasionada danza y responder la pregunta que todo sobreviviente se formula y ahora, ¿qué puedo crear con la vida que he recibido? Hoy el gran reto es conocernos, descubrirnos y proyectarnos en calidad de faros para alumbrar la realidad de cada ser humano que camine a nuestro lado, procurando llenar los espacios de amor y ternura.

La verdadera libertad está en responsabilizarnos de nosotras mismas, liberándonos de las ataduras que nos esclavizan y descubrir el sentido personal de la existencia.

3.5. La madre caridad portadora de luz.

La Madre Caridad Brader Zahner, hija de Joseph Sebastián Brader y de María Carolina

Zahner, nació el 14 de agosto de 1860 en Kaltbrunn, St. Gallen, Suiza.

En la niñez, cuando su mamá influyó en su educación, le permitió emprender lo que le gustaba y desarrolló el arquetipo de la diosa Artemisa.

La niña que gozaba jugar en el patio o en el parque, queda encantada de las cosas nuevas, de los campos que no conoce y empieza a soñar con el más allá.

Desde muy pequeña fue educada para que fuera una mujer con poder, el que fue descubriendo a través de sus guías maestros, que le ayudaron a madurar, encontrar su esencia y entender una serie de valores que conformaron su identidad.

En la adolescencia fue una chica competitiva, perseverante, desafiaba todo lo que coartara su libertad, confiaba en sus habilidades y arreglaba sus problemas por medio de la competencia.

Se distinguía por no perder sus objetivos, presentaba sus palabras de manera directa y sus propósitos no se discutían, eran cumplidos. Se complacía por efectuar sus expectativas, seguir sus ideales y creencias con firmeza.

Cuando un mundo de posibilidades se abría ante ella atrayéndola con sus halagos y encantos, la voz de Cristo comenzó a producir eco en su corazón y se dispuso a abrazar la vida consagrada. La facultad de autotrascendencia que le impregnaba le dio la posibilidad de abrirse al llamado y comprometerse responsablemente a las demandas que la existencia le planteaba.

El 1 de octubre de 1880, ingresó en el convento franciscano de clausura María Hilf, en Altstätten, que administraba un colegio, colaborando con la Iglesia católica de Suiza. La búsqueda de sentido lo descubrió muy pronto, ya que todo formaba parte de la autorrealización del alma.

Tiempo después y a partir de una petición de Monseñor Pedro Schumacher, celoso misionero de san Vicente de Paúl y Obispo de Portoviejo, viajó Junto con otras religiosas como misionera a Ecuador y más tarde a Colombia, donde se quedó allí hasta el fin de sus días.

Para responder con lealtad a sus convicciones y a las numerosas y urgentes necesidades de su comunidad, fundó la Congregación Franciscanas de María Inmaculada, en la que estuvo al frente muchos años, siendo portadora de luz con independencia, autoconfianza, sabiduría, prudencia, instruía a las hermanas en la dimensión contemplativa y en la entrega a la acción evangelizadora.

Las personas gratas, suelen ser bondadosas y sencillas que afrontan las situaciones adversas, con una actitud positiva, desde el agradecimiento, la humildad y con gran capacidad de resiliencia.

Allí desplegó su ardor misionero. Amaba a los indígenas y no escatimaba esfuerzo alguno para llegar hasta ellos, desafiando las enfurecidas olas del océano, las intrincadas selvas y el frío intenso de los páramos.

Su celo no conocía descanso. Le preocupaban con compasión los desposeídos, marginados y los que no conocían todavía el evangelio. Fue un alma eucarística por excelencia, halló en Jesús sacramentado los valores espirituales que le dieron calor y sentido a su vida y un estado de conciencia espiritual.

La armonía en que vivía le permitió anhelar bienestar a todo el cosmos. Llevada por la pasión a la Eucaristía, obtuvo el privilegio de la

Adoración Perpetua diurna y nocturna, que dejó como el patrimonio más estimado a su comunidad, junto con el amor y veneración a los sacerdotes por ser los ministros de Dios.

Con su ejemplo de vida la Madre Caridad, invitaba a sus Hermanas a la meditación y contemplación, cuya práctica da la posibilidad de cuidar el bienestar interior, el entendimiento y la consciencia humana que construye la dignidad social y el respeto por los otros.

Así mismo permitió observar la realidad más objetivamente, sin juzgar, sino desde la gratitud. Con sus exhortaciones las animaba constantemente a seguir con esperanza su elección, estaba convencida de que la oración es el mejor camino para trascender y dejar huellas de diversas maneras, mediante el arte, la literatura, la expresión; pero sobre todo con la fuerza de la compasión, por eso insistía en practicarla diariamente.

La frase que la caracterizó "Todo por amor a Dios y como él lo quiere", hace referencia a la importancia de conectar con la divinidad trascendente por medio de la mente, el corazón y el alma, es fuente de fortaleza espiritual. Es una actitud que implica voluntad, reflexión, compromiso y se proyecta a través de la espiritualidad y las acciones diarias. Con espíritu inquebrantable, la Madre Caridad dejó un legado a su Congregación y a la humanidad, el de ser, porque garantiza la misión, para lo cual han sido llamadas las Religiosas Franciscanas de María Inmaculada.

"Deje que Dios plante también en el jardín de su alma muchas virtudes sólidas, como la humildad, caridad fraterna y piedad".

Madre Caridad

Sentido de Vida, Género y Arte

Ilustración 8. Pichardo, M. (2021). Moravia, Costa Rica.

3.6. Movimiento mujeres guerreras

Con la finalidad de avanzar en el enfoque de género, ser parte del cambio y liderar la batalla por los derechos civiles a fin de crear un marco de igualdad, surgió el "Movimiento Mujeres Guerreras".

En el escenario nacional, se levantan miles de voces femeninas, pidiendo el fin de las rivalidades que solamente benefician las estructuras de dominio, y buscar un proceso de reeducación afectiva e intelectual, que se logra por estar dotados de ese maravilloso poder desafiante del espíritu.

Asumen una agenda, que contempla todos los espacios de lo sagrado femenino, en el vientre materno; niña, estudiante, profesional, jefa de hogar, madre, esposa, ama de casa y adulta mayor.

Esa mujer que trabaja y cumple sus diferentes roles en la humanidad moderna, no solo para ser alguien en la vida, sino protagonista de una nueva historia evolutiva en la que sobresalga la capacidad de autotrascendencia, facilitando así un diálogo fructífero y lleno de sentido distante de ideologías que quieren opacar la esencia del ser.

El Movimiento considera significativas las oportunidades de trabajo, estudio, educación y la importancia de aprender una nueva ética de apoyo, tolerancia y armonía para fortalecer relaciones saludables en los miembros de la familia.

Promueven el cooperativismo que han visto en la asociatividad, una oportunidad de llevar el sustento a sus hogares y tener la ocasión de iniciar emprendimientos que vayan enfocados a las necesidades y posibilidades de cada comunidad.

Son conscientes que quienes han luchado antes y siguen en la lucha, han marcado el camino en los fundamentos básicos de la sociedad, tomando como base la libertad y la posibilidad de auge económico, el respeto por la vida humana, las creencias más sagradas, la democracia, los derechos, las obligaciones y la dignidad. Entienden que se necesita desarrollar y crear mecanismos de convergencia y de sinergia entre las mujeres, que favorezcan su buen desempeño laboral, su crecimiento personal, su capacidad formativa y su desarrollo profesional.

Se fundamentan en cuatro principios fundamentales que son los que guían sus ideales:

1. La transformación de la sociedad. Con criterio propio, deciden tomar las riendas de su vida, convertirse en agentes de cambio y liberarse del sometimiento, exclusión, y expulsión que la cultura patriarcal ha impuesto.

2. Alzar la voz de manera consciente. Con fortaleza resisten la embestida neoliberal y levantan las banderas en todos los frentes y en todas las formas posibles. Reclaman desde sus entrañas el amor para vencer a la oscuridad convertida en poder y muerte. Por eso en las calles, en los centros de trabajo, en las organizaciones, en el silencio de las montañas, y en el corazón, la voz tiene que ser escuchada.

3. La historia de combate de las antepasadas no ha sido en vano; mujer, llevas una guerrera en el alma que de ningún modo se rinde. En este proceso es el instrumento idóneo a fin de lograr la unidad de las mujeres heroicas. En la totalidad de los rincones del país se forjará la batalla en donde nacerá la nueva patria, libre, solidaria y respetuosa de la existencia humana.

Es necesario volver a las fuentes, traer al momento la memoria colectiva con el que se identificaron los ancestros, ciudadanas y soberanas. Por eso pretenden eliminarla, pero ese legado, le pertenece al pueblo, a las familias al género femenino. La han heredado y nunca la van a traicionar, hoy es la oportunidad para unificar criterios.

4. Dios, padre y madre, lleno de misericordia y compasión. Es el nombre que simboliza aquella tiernísima realidad y aquel sentido amoroso capaz de llenar los vacíos existenciales del ser humano.

Sentido de Vida, Género y Arte

Ilustración 9. Pichardo, M. (2019). Alajuela, Costa Rica.

3.6. El cielo tiene mi estrella.

Cada vez que contemplo el cielo, mis ojos me llevan en dirección a una estrella brillante por la que siento una afinidad. Es hermosa y de muchos colores, parece un diamante.

Una noche soñé con ella, de repente pude percibir una luz dorada que tocó mi ser y como electricidad me conecté a su corazón, tomé conciencia de lo que estaba sucediendo a mi alrededor y me di cuenta de que las estrellas tienen sentimientos.

Miré su rostro y era hermoso, me pareció observar una diosa, la mujer más linda y tierna que he conocido a lo largo de mi existencia. Le pregunté ¿cómo se llama? Y mi contestó Irmina, me quedé pensando y recordé que es un nombre femenino de origen germánico que significa aquella que tiene fuerza, "la grande" y me sentí llena de energía vital.

— ¿Cuándo cumple años? —le pregunté, y me respondió —el 24 de diciembre, —¿qué hizo para llegar hasta aquí?, —le seguí preguntando y me miró con todo el amor del mundo, me abrazó y me dijo —es una historia larga, yo estuve en la tierra, fui una madre luchadora, disfruté la maternidad, me dediqué a cuidar a mis hijos y esposo, cuidé de mi hogar, experimenté gozo cuando realizaba los oficios de la casa y preparara los alimentos, siempre busqué mis espacios para mi crecimiento espiritual a través de la meditación y encontrarme conmigo misma, ayudé con compasión a las personas que me necesitaban.

Recordé la nueva propuesta sobre la psicología femenina de la psiquiatra y escritora Jean Shinoda Bolen, en donde planteó que el comportamiento de la mujer está basado en la mitología griega y percibí el espíritu de Hestia, la diosa del Olimpo griego que representa el hogar.

Pude percibirla independiente, completa y empoderada. La sentí tierna, tan dentro de mí que la intuición me decía que esa estrella era alguien especial para mí.

En ese momento me abrazó, me sentó en sus regazos, y me dormí profundamente con la seguridad de que estaba bien protegida y que al igual que cuando era niña no me iba a faltar nada y me dijo al oído, yo soy su mamá y en ese instante desperté.

Le di gracias al Universo, por darme una mamá hermosa, la mujer más linda de todo el mundo, la amo desde siempre y sé que está conmigo. A partir de ese momento, todos los días observo el firmamento y expreso: el cielo tiene mi estrella y siento gratitud porque en la tierra, fue lámpara para mis pies y luz en mi sendero, ejemplo de amor, valentía y determinación.

Inevitablemente mi querida astro se marchó un nueve de agosto, pero me regocijo saber que me acompaña y cuida de mí cada instante de mi vida.

Ahora compartimos momentos mientras duermo y me alegra seguir viendo su sonrisa. Dejo que la luz de mi ángel ilumine mi camino hasta alcanzar mis ideales. Besos con escarchas de diamantes a mi lucero que vela mis sueños.

Sentido de Vida, Género y Arte

Ilustración 10. Autor Pichardo A. (2021). Grecia, Costa Rica.

Sentido de Vida, Género y Arte

CAPITULO IV:

ACOMPAÑAMIENTO EMOCIONAL CON EQUIDAD DE GÉNERO.

Acompañar es un camino de encuentro con el dolor de la condición humana que ha sufrido una pérdida significativa.

Es un proceso en el que somos testigos de ese momento y desde la compasión nos corresponde abrir ventanas de libertad y responsabilidad, caminando en dirección trascendente, más allá de uno mismo, del otro y del mundo.

Sentido de Vida, Género y Arte

Ilustración 11. Pleités, M. (2020). La Fortuna, Costa Rica.

4.1 La convivencia en el respeto y en la legitimación de los demás.

La realidad humana a través de la historia ha venido evolucionando. La nueva visión cosmológica nos lleva a percibir al ser humano a modo de un todo, y esa totalidad obliga a realizar cambios en todas las dimensiones.

Se necesita con urgencia una formación integral, universal y holista que nos guíe a comprendernos y comprender a los demás, que faculte al individuo en el arte de vivir y de relacionarse con los otros.

Una educación que comprenda la universalidad de la existencia y el reconocimiento de la diversidad cultural inherente a lo relacionado con la humanidad que conlleva, energía, amor, libido, deseo, vida, placer, cuerpo, pasión, seducción, atracción y fertilidad.

Entendiéndose la sexualidad como un medio de comunicación cuya máxima expresión es la ternura, que da la capacidad de valorar lo trascendental, que son las relaciones entre el yo en convivencia con el otro y da el fruto de un nosotros.

Hoy más que nunca la sociedad necesita una educación que forme no que instruya, que libere y no condicione, que enseñe el arte de aprender por sí mismo y su influencia sobre la vida cotidiana y la salud ayudará a comprender como todos estamos profundamente relacionados con las energías divinas las cuales continúan en proceso de evolución.

En este sentido la pasión pedagógica, consiste en jugar las posibilidades para lograr un aprendizaje significativo. Entender que los seres humanos están orientados hacia el amor que lo lleva a la comunión con el otro.

Esta apertura de encuentro entre lo espiritual y lo humano forma parte de la esencia misma del ser y en la medida en que responda a sus dinamismos inconscientes, cooperando desde su propia libertad encuentra su plenitud.

Por consiguiente, no puede haber una ruptura dentro del quehacer cotidiano y el género, sino que deben ser integradas en una dinámica de comprensión y convertirse en instancias de crecimiento personal, fortaleciendo los propósitos que cada individuo tiene de manera individual y colectivo.

Es significativo considerar que en ningún otro momento de la historia humana se han brindado espacios libres y con criterios universales a fin de formar individuos claros, consientes y preparados para gozar de relaciones saludables.

Es recomendable que al género masculino se le permita abrir el corazón, expresar lo que sienten sin miedo a perder su dignidad. En el caso de las mujeres, que se les brinde la oportunidad de acceder a un enlace sano y descubrir todo el potencial espiritual que poseen con la finalidad de consumar el sentido de su existencia.

Comprender que la ternura no se agota en el sentimiento, sino que se completa y se engrandece por la voluntad, la inteligencia y el compromiso es un paso para la sanidad interior en relación consigo mismo y con los otros, en cualquier dificultad de la vida.

La convivencia en la estima y la legitimación hace germinar lazos afectivos íntegros entre los miembros en donde existe una comunicación abierta, honesta y segura. El convencimiento profundo de que es posible amar, fortalece y crea la construcción de una sociedad con equidad.

De esta manera la salud psíquica, fisiológica, y la admiración por la humanidad, manifiesten la obra creadora de Dios en quien goza nuestro origen, porque el amor evoca a la existencia y a la vitalidad.

Para abrir canales de salud se han propuesto unas técnicas con el fin de promover conductas resilientes en mujeres con diferentes realidades a fin de ser fuertes en las adversidades. Según la Logoterapia, contamos con fortalezas en nuestro interior que permiten superar circunstancias adversas en los distintos grados y momentos en que se van presentando a lo largo de la vida.

Esta realidad humana de superación ante el infortunio es la capacidad que tenemos los seres humanos de resistir, seguir adelante y generar respuestas adaptativas a la adversidad.

Así la resiliencia refuerza los factores protectores incluso la supervivencia del ser, y reduce ciertamente la vulnerabilidad frente a las situaciones que se consideren desfavorables.

El procedimiento está diseñado con el fin de reflexionar, aprender y mejorar la convivencia con el otro, por medio de herramientas y espacios de apoyo para el crecimiento individual a través de la meditación, la experiencia y la comunicación de ideas. Buscan ser un instrumento de orientación con el propósito de afrontar las emociones, vencer las limitaciones, perdonarnos, perdonar y encontrar soluciones creativas a las dificultades con el fin de obtener relaciones de género saludables.

Tomando en cuenta que todo lo que nos sucede tiene una razón de ser, y en este sentido son una oportunidad con la intención de colaborar en el desarrollo personal y colectivo.

4.2. Acompañar un proceso con el fin de alcanzar bienestar.

Acompañar es el concepto que se utiliza para designar el servicio que realizan ciertos individuos en un proceso que viven personas o grupos, con el compromiso firme de estar presentes cuando se les necesite, de vincularse a un nivel profundo con los clientes, de propiciar un clima que respalde esas fases y sean más llevaderas y posibilite la búsqueda de alternativas en el momento que lo consideren necesario, ya que, los mismos promueven los procesos participativos, faciliten el crecimiento de la conciencia crítica y suscitan el aprendizaje que lleva a la trasformación tanto individual como colectiva.

El propósito fundamental de las técnicas logoterapéuticas, es dotar a las mujeres de herramientas que les permitan regular en la medida de lo posible sus afecciones; ya que, una mujer sana es feliz, posee la disposición de amar independientemente de su realidad, faculta al individuo de potencialidades con el fin de alcanzar su bienestar, el del otro y conseguir encontrarse con su ser interior y espiritual.

Cada actividad es vivenciada por las participantes con el fin de obtener un aprendizaje significativo y de calidad, útil para la vida personal y en la relación con los otros.

Es considerable la tarea de la mediación pedagógica, ya que constituyen una plataforma motivacional que da la oportunidad de vivenciar nuevas destrezas de enseñanza social, un ambiente favorable y confiable, a fin de aprender creativamente.

Parten de una construcción cultural el género y la Logoterapia del sentido, a través de compartir experiencias, crecer, fortalecerse y avanzar. No pretenden discriminar o censurar a nadie, simplemente son espacios que buscan conquistar emocionalmente esa realidad, formar parte de ella y fortalecerla.

Aunque se emplean distintas técnicas tienen un objetivo en común, aportar un grano de arena a la población muchas veces humillada y olvidada, lograr un estado de armonía, equilibrio y salud.

El Psiquiatra Victork Frankel, descubrió en el campo de concentración que, al brindar el consuelo a sus compañeros, él mismo salía reconfortado, su dolencia y la de los demás fue un verdadero crecimiento.

Solamente se crece en humanidad cuando la pena la asimilamos y maduramos, ya que el sufrimiento una vez integrado intensifica la capacidad humana de comprensión de la existencia.

4.3. Descubriendo el sentido de la vida a través de la lectura.

La presente propuesta se centra en promover la lectoterapia, con el fin de avanzar en el proceso de crecimiento. Cada obra literaria es una creación intelectual, que dona un ser humano al mundo y de esta manera se auto trasciende.

Existen diferentes clases de obras literarias, por ejemplo: teatrales, narraciones, poesías, cuentos, novelas y canciones, son funcionales para el entretenimiento, conducen a la reflexión, al encuentro de múltiples verdades, en la que curar configura como un abrirse a otra dimensión que comprende una liberación interior por medio de una vivencia vital profunda, permitiendo crecer, encontrarle sentido a la vida y tener una posición frente a lo que nos rodea.

La práctica en la lectura hace que se convierta en una herramienta terapéutica, en donde se da un intercambio de experiencia, entre el escritor que comparte su destreza y el lector que la escucha, la procesa, se refleja en ella, ríe, llora, libera tensiones, presiones, ansiedad, soledad y luego se reconforta, logrando un equilibrio emocional.

Descubriendo el sentido de la vida a través de la lectura, pretende capacitar en la construcción de la lectoterapia a fin de aprender destrezas con el objetivo de enfrentar las situaciones adversas.

Al plasmar el pensamiento en una hoja o en un libro y se comparte con los demás, estamos auto trascendiendo, porque le dejamos algo íntimo a la humanidad.

El propósito de la intervención es que se puedan manifestar experiencias vividas, en diferentes momentos y etapas de la existencia humana y darle un nuevo significado al presente. A continuación, se detallan las técnicas.

Ilustración 42. Pichardo, M. (2020). Sarchí, Costa Rica.

4.4 TÉCNICAS DE LECTOTERAPIA.

Nombre de la técnica.

Lecturas para subsistir.

Población:	Es muy útil aplicarla a personas que desean profundizar en el conocimiento de sí mismos y mejorar su calidad de vida.
Participantes:	Diez mujeres.
Tiempo Establecido:	20 minutos.
Materiales:	Cuento: El gato y la Princesa, de la escritora

	Mari Pleités (2019), diario viajero y Lapiceros.
Objetivo:	Leer el cuento y explorar los sentimientos de los personajes.

Procedimiento Metodológico.

1- Leer el cuento: El gato y la Princesa, de la escritora Mari Pleités (2019) y recoger los sentimientos de los personajes, analizar las ideas centrales y sus significados como la culpa, el azar, personaje principal, entre otros.

2- Dramatizar el cuento y ser el personaje principal

3- Reflexionar en forma individual y contestar las preguntas en el diario viajero.

¿Quién está a mi lado?

¿Quién es la princesa?

¿A quién debo rescatar, para rescatarme a mí?

¿Estoy abierto al misterio? ¿A la posibilidad de esperanza más allá de toda desesperanza?

¿Cuántas veces caigo en la actitud fatalista y depresiva del protagonista?

4. Explorar la búsqueda de sentido y quienes son esas princesas que emergen a nuestro lado para rescatarnos. Escribir en el diario viajero los sentimos que han aflorado.

Sentido de Vida, Género y Arte

EL GATO Y LA PRINCESA.

Había una vez una hermosa princesa que, por casualidades de la vida, se encontró con un lindo gatito llamado: Miau, Miau.

El gatito estaba sólo y enfermo, la princesa le dio todo su cariño y el gatito, muy agradecido con la jovencita, no quiso separarse de ella nunca más.

Con el tiempo, la situación se tornó un poco complicada ya que aquel gatito, que nunca había recibido amor y atención, quiso apoderarse del tiempo y la atención de la princesa hasta el punto de querer asfixiarla emocionalmente.

La princesa sentía que ya no tenía vida propia y buscó muchas formas para desaparecer de la presencia de gatito, sin embargo, este era más astuto que ella y nada daba resultado. Hasta que un día, a la princesa se le ocurrió una magnífica idea y fingió su propia muerte.

Ella, sentía que se asfixiaba, pues gatito se había convertido, de alguna forma, en un vampiro emocional que succionaba su vida. Fue así como, débil emocionalmente, cayó en cama, y el polvo con olor a muerte se derramó sobre su piel para que gatito, al sentir el olor a defunción, se fuera de su lado y la dejara vivir. Nuevamente, el plan se le vino abajo a la princesa.

Gatito fue y tomó forma humana convirtiéndose en una mujer y, mientras princesa se escondía bajo el manto con olor a muerte, gatito se transformaba en una princesa igual que su amada.

El tiempo pasó y la relación tan simbiótica del gatito y la princesa pasó a convertirse en una relación amorosa. Gatito Miau, Miau, se robó a la princesa, y la llevó a una isla de mujeres solas; la jovencita perdió su corona, ahora era prácticamente la amante y esclava de su captor, quien se apoderó totalmente de la bondad de la princesa.

Un día se le vio en la isla, ella estaba irreconocible, su cabello despeinado, su cuerpo pálido y escuálido, lucía una tristeza en el rostro. Se le preguntó:

—Princesa ¿Qué haces aquí? ¿Qué ha pasado contigo, por qué te dejaste robar tu corona?

A lo que ella respondió:

—Ayudé a gatito, le di mi amor y cariño, pero no se conformó con eso, se apoderó de mi vida, si yo lo abandono, morirá. Sólo me quedan dos opciones: huir de gatito y dejar que muera o quedarme aquí, compartiendo lo poco que queda de mi vida, para que él sea feliz sus últimos días y; por el momento, ¡me quedo aquí!

En ese instante, vi con tristeza a la princesa y me fui del lugar. Cubierto por una pena profunda, pensé:

—Pobre princesa, se dejó robar su corona y terminó cediendo su vida y su voluntad ante los caprichos de gatito.

Y así, pasaron diez largos años, la princesa, aún con depresión y con la voluntad muerta; no perdió la esperanza de que su amor platónico, el príncipe encantado, viniera a rescatarla.

Lo que ella no sabía era, que el príncipe, nunca llegaría, ya que él había sido atrapado bajo una maldición que no lo dejaba libre, ni siquiera, para tomar sus propias decisiones.

Fue así como al final de esos años, princesa empezó a despertar y se dijo:

—Princesa, ¡qué ha pasado contigo? Tú tienes la fuerza y la valentía que heredaste de tus padres y que les permitió librar mil batallas. ¡Anda!, ¡levántate y lucha por tu libertad!

Después de que sintió muy cerca el manto con olor a muerte que se acercaba a ella decidió huir del lugar y, como por arte de magia, su cuerpo empezó a transformarse en una hermosa ave de bellos colores; abrió sus alas y antes de que gatito Miau, Miau, entrara a su alcoba.

Alzó vuelo y se remozó del polvo de la muerte. Sabía que ahora sería más fuerte.

Al salir de la isla de mujeres solas, donde la tenía recluida su captor, pisó tierra y rápidamente su cuerpo volvió a tomar forma humana. Y ahora:

— ¿Cómo llego nuevamente a mi castillo? —Pensó.

Rápidamente reaccionó y se dio cuenta que no era conveniente volver a aquel lugar pues, gatito Miau Miau, sabría dónde encontrarla, lo mejor era huir a otro reino e iniciar una nueva vida donde nadie supiera de ella.

Caminaba muy pensativa en medio de aquel solar, cuando de forma inusitada apareció un hermoso y elegante cimarrón blanco como la nieve y, luego de un breve contacto visual, aquel animal salvaje, quien se mostraba desconfiado, se dejó seducir por la dulzura de la princesa y se arrodilló ante ella, esta no lo pensó dos veces para emprender su nuevo camino. Fue así como inició su travesía.

Cabalgó por todo un día y aquél cimarrón galopó incansablemente hasta quedar exhausto.

Una nueva vida llena de esperanza y alegría iniciaba para la princesa que decidió liberarse de su cautiverio.

Sentido de Vida, Género y Arte

Moraleja:

A veces nos quedamos esperando que alguien de fuera venga a sacarnos de nuestros conflictos internos, cuando la realidad es que nadie más puede entrar a nuestro interior.

Lo importante es reconocer que en nosotros está la solución de todos nuestros problemas, que a veces no existen más que en nuestra mente, es necesario tomar el tiempo para identificar la realidad y saber que podemos reconstruirnos y a partir de allí iniciar el proceso de liberación.

Autora: Mari Pleités.

Sentido de Vida, Género y Arte

Nombre de la técnica.

Mi Diario Viajero.

Población:	Grupos pequeños de mujeres, enfocadas en promover la sanación y superación de conflictos emocionales.
Participantes:	Diez mujeres.
Tiempo Establecido:	60 minutos.
Materiales:	Hojas, cartulina, goma, tijeras, lápices de color, lápiz de grafito y cromos.
Objetivo:	Despertar el sentido de la creatividad.

Procedimiento Metodológico:

1. Obtener los materiales, hojas bond juntas y comprimirlas con la mano, cartulina, goma, tijeras, lápices de color y lápiz de grafito.

2. Untar una fina capa de goma en el lado de las hojas comprimidas donde irá el lomo del diario, hasta que estén bien pegadas.

3. Cortar un pedazo de papel y pegarlo en el lomo del diario, se necesita al menos un borde de 3 cm para cada lado sobre la primera y última hoja.

4. Coger la cartulina y con la goma pegar cada parte, estas partes son las tapas del diario.

5. Dar rienda suelta a la imaginación, decorar la tapa del diario con recortes de revistas, cromos, escribir el nombre o pegar adhesivos bonitos y divertidos.

6. Escribir en el diario viajero, colocar la fecha en la parte superior de la página y anotar todos los sentimientos expresados.

Sentido de Vida, Género y Arte

Nombre de la técnica.

Álbum de gratitud.

Población:	Mujeres, enfocadas en la sanación y superación de duelo.
Participantes:	Una mujer y su terapeuta o acompañante.
Tiempo Establecido:	40 minutos o más, trabajarlo todos los días los que sean necesarios.
Materiales:	Hojas bond, fotografías, cartulina, goma, tijeras, lápices de color y lápiz de grafito.

Objetivo:	Sanar el duelo desde la gratitud y el amor a través del arte.

Procedimiento Metodológico:

	1. Obtener los materiales, las hojas bond, fotografías, cartulina, goma, tijeras, lápices de color y lápiz de grafito.
	2. Seleccionar una fotografía con la que tenga un sentimiento profundo y traerla al presente.
	3. Comentar las emociones que afloraron en el momento.

4. Expresar con una palabra la emoción que sintió y escribirla o recortarla de una revista o periódico, por ejemplo "Amor".

5. Respetar los espacios de tristeza y llanto.

6. Agradecer cada instante vivido con el familiar ausente y elaborar el duelo desde la gratitud y el amor.

4.5. Técnicas de resiliencia.

Son técnicas diseñadas desde el enfoque logoterapéutico, centradas en la persona, sin importar la edad, condición socioeconómica, si es o no profesional, su estado civil o creencias religiosas, con el convencimiento de que la diversidad puede enriquecer un grupo.

El propósito de la intervención es que las participantes del taller logren manifestar sus vivencias, principalmente las dolorosas y que puedan darle a las mismas un nuevo significado en el presente con la intención de sanar el dolor implicado, a través de procesos seleccionados para trabajar y de esta manera alcanzar los objetivos propuestos a fin de encontrar resignificaciones ante las experiencias vividas en diferentes momentos de la vida. A continuación, se especifican la forma pedagógica de emplearlas.

Nombre de la técnica.

Filas Resilientes.

Población:	Es muy útil aplicarla a personas que desean profundizar en el conocimiento de sí mismos y mejorar su calidad de vida.
Participantes	10 mujeres
Tiempo Establecido	20 minutos
Materiales	Diario viajero y Lapiceros
Objetivo:	Reconocer que la vida es cambiante y tenemos que estar atentos para identificar esos cambios, pero lo más significativo es que las personas no cambian en su esencia, porque eso les pertenece.

Procedimiento Metodológico

1 - Hacer dos filas en donde las participantes se colocan una frente de la otra, la idea es que permanezcan de pie durante dos minutos observando cada detalle de la participante.

2- Intercambiar posición, se dan vuelta y se mantienen de espaldas por espacio de un minuto. En ese momento se quitan algo puede ser un arete, la cadena, realizar algún cambio que sea diferente a como estaban frente a sus compañeros. Una vez pasados los dos minutos vuelven al lugar del principio, empiezan a notar los cambios y los expresan para conocer quienes acertaron.

Sentido de Vida, Género y Arte

Sentido de Vida, Género y Arte

Nombre de la técnica.

Frases con sentido.

Población:	Se trabaja en grupos pequeños, con una participación activa, porque la idea de compartir es siempre enriquecedora.
Participantes:	10 mujeres.
Tiempo Establecido:	30 minutos.
Materiales:	Tarjetas con frases de reflexión o motivación, diario viajero, lapiceros, marcadores, goma, tijeras, lápices de colores.

Objetivo:	Tomar conciencia de los espacios que el universo nos facilita para crecer personal y con el otro.
Procedimiento Metodológico.	
	1. Entregar tarjetas con frases escritas sobre la resiliencia tomadas del libro Víktor Frankl (2015), El hombre en busca de Sentido. Cada frase se escribe en papeleta diferente las que se recortan de manera distinta. Los participantes han de encontrar su otra mitad para que se lea el mensaje completo.

2- Platicar por espacio de unos tres minutos ¿cómo se |

siente hoy?, ¿qué cosas sucedieron antes de llegar aquí?, ¿han tenido alguna situación especial hoy? ¿hicieron algo para mejorar el día?, y ¿cuál es el mensaje de la frase para su vida?

3- Terminar la entrevista con un abrazo y agradecer el momento de haberse conocido y escribir en el diario viajero los sentimientos que han aflorado.

Nombre de la técnica.

Imaginería Mental.

Población:	Es muy útil aplicarla a personas que desean profundizar en el conocimiento de sí mismos y mejorar su calidad de vida.
Participantes:	10 mujeres.
Tiempo Establecido:	30 minutos.
Materiales:	Música instrumental, diario viajero, marcadores, goma, tijeras, lápices de colores.

Objetivo:	Examinar por medio de la fantasía dirigida acontecimientos reales o imaginarios entre el nacimiento hasta el futuro, destacando aspectos positivos con el fin de liberar emociones que impiden trascender.

Procedimiento Metodológico

	1- Participar de un ejercicio de imaginería mental en un ambiente agradable y tranquilo con el fin de inducir a la relajación y posteriormente visualizar a través del tiempo desde su nacimiento hasta el futuro, enfatizando aspectos positivos y de esta

manera liberar dolores o sufrimiento que impiden la trascendencia.

2- Elaborar una lista de metas que le gustaría alcanzar identificando los plazos posibles para su realización con las iniciales C corto, menos de un año, M medio de dos a cuatro años y L largo plazo de cinco años o más.

3- Confeccionar un amuleto con materiales reciclados o de la naturaleza como, troncos, hojas o piedras que lleve a cabo dos funciones la de conectar el yo espiritual y a la vez de objeto esperanzador. Con una visión que amplíe las posibilidades del ser y brinde sentido al momento presente.

4. Reflexionar sobre estas preguntas: ¿cómo me gustaría verme y sentirme dentro de... años? ¿Qué necesito realizar ahora para lograr eso?

5. Escribir en el diario viajero los sentimos que han aflorado a través de esta participación.

Sentido de Vida, Género y Arte

Nombre de la técnica.

Corona del Rey León.

Población:	Se trabaja en grupos pequeños, con una participación activa, porque la idea de compartir es siempre enriquecedora.
Participantes:	10 mujeres.
Tiempo Establecido:	30 minutos.
Materiales:	Coronas de cartón, diario viajero, marcadores, goma, tijeras, lápices de colores.
Objetivo:	Descubrir que los acontecimientos de la vida tienen

sentido a la luz del mito de la Corona del Rey León.

Procedimiento Metodológico

1- Formar un círculo con las participantes y se le entrega una corona individualmente

2- Compartir una experiencia de dolor o sufrimiento y una vez que finalice, otra compañera de forma espontánea se dirigirá hacia ella y dirá algo positivo de la situación y a la vez le colocará la corona acompañada de un abrazo. Ej. 1:

-Cuando tenía 8 años fui internada en el hospital por una grave enfermedad.

2: -Lo primordial es que hoy cuentas con salud, puedes sonreír y me alegra que estés aquí.

3- Comentar cómo se siente llevar una corona. Escribir en el diario viajero los sentimientos que ha experimentado.

Nombre de la técnica.

El Árbol Genealógico.

Población:	Es muy útil aplicarla en niños y niñas en sesiones terapéuticas para trabajar el duelo.
Participantes:	Terapeuta y cliente.
Tiempo Establecido:	20 minutos.
Materiales:	Fotocopia del dibujo del árbol genealógico, marcadores, lápiz y lápices de colores.

Objetivo:	Conocer la historia de vida familiar cuando a los niños se les hace difícil comentar que un miembro de la familia ya no está físicamente con ellos y las causas de lo que sucedió.
Procedimiento Metodológico	
	1. Primeramente el terapeuta le explica brevemente en que consiste la técnica y una vez que el niño se haya familiarizado con la temática se le dice la consigna, "dibuje en los espacios en blanco que están dentro del árbol a los miembros de su familia". Se le aclara que a

los integrantes que ya no viven físicamente con ellos se le coloca una cruz. Luego se le detalla que primero empieza dibujándose él o ella, posteriormente a los hermanos si tiene, después a los padres y por último a sus abuelos. Una vez que lo ha terminado, se le invita a que comente su trabajo, mencionando a los familiares que han muerto y sus causas. De esta forma se está abordando el duelo, y en caso de que el menor tenga dudas o comentarios, será el momento perfecto para abordarlo.

Sentido de Vida, Género y Arte

Nombre de la técnica.

Huellas de Sentido.

Población:	Es muy útil aplicarla en todo tipo de clientes sobre todo que le guste el arte y la creatividad.
Participantes:	Se pueden hacer grupos de 3 o 4 personas y con el acompañamiento del facilitador.
Tiempo Establecido:	60 minutos.
Materiales:	Arcilla, brocha, pintura de agua, marcadores, diario viajero, lápiz y lápices de colores.

Objetivo:	Descubrir las huellas de sentido que han marcado lo vivido de las personas a lo largo de su biografía.
	Procedimiento Metodológico
	1. Se inicia con una historia de esta forma: Cuenta la leyenda que los objetos tienen memoria, los pueblos originarios esculpían sus historias en sus ornamentos como símbolo de gratitud y también para significar su identidad. Mientras las tallaban se reunían en grupo y les transmitían experiencia y arte. Las huellas de sentido son marcas particulares que nos ha dejado lo vivido a lo

largo de la existencia y que han venido configurando un significado hasta el presente. Son pequeños o grandes valores que se han captado con la razón y el corazón facilitando las decisiones y conformando lo que somos actualmente. En este momento es considerable escribir propósitos, metas, retos y desarrollar un inventario con los diferentes momentos vividos. Es una tarea muy gratificante.

2. Después se le dice la consigna "hoy construirás tu vasija circular y por cada 5 o 10 años de vida tallarás en ella una huella de sentido

que ha marcado lo que hoy eres".

3. Posteriormente se reflexiona sobre el camino heroico que ha trazado, comparte la vivencia y escribe en el diario viajero las emociones y los sentimientos que experimentó en el proceso.

4.6 Técnicas sobre género y sexualidad de la ternura y espiritual para una calidad de vida saludable.

La sexualidad humana desde la dimensión biopsicosocial - espiritual toma en cuenta la realidad holística de los individuos. La energía vital y la capacidad para el placer y el goce, nos permite satisfacer las necesidades, conseguir el bienestar y lograr una calidad de vida saludable. En este sentido la libido nos acerca a establecer una relación de colaboración con los demás, aprendiendo a disfrutar de crear las cosas juntas, en total aceptación de nuestras dimensiones: cuerpo-mente-espíritu y las del otro. Es un proyecto humano y emocional de actuación libre, responsable y comprometida a lo largo de la existencia. En concordancia con eso los seres humanos somos personas sexuadas, porque la libido es una extensión plenamente integrada y básica de la espiritualidad. A continuación, se especifican algunas técnicas terapéuticas y la forma pedagógica de emplearlas.

Nombre de la técnica.

Cambiar de lugar.

Población:	Es muy útil aplicarla a personas que desean profundizar en el conocimiento de sí mismos y mejorar su calidad de vida.
Participantes:	20 participantes y que haya paridad de género.
Tiempo Establecido:	30 minutos.
Materiales:	Diario viajero, sillas para todos los participantes y las frases.

Objetivo:	Propiciar un clima adecuado para abordar los temas vinculados con la sexualidad (Sexualidad, sexo y género).

Procedimiento Metodológico

1. Se construye un círculo con sillas una al lado de la otra, cada participante se ubica en una de ellas y un integrante del grupo se coloca en el centro de la ronda. No puede quedar ningún asiento vacío.
2. Consigna: "Vamos a ir dando indicaciones para que ustedes se cambien de sitio en función de determi-

nadas características o experiencias. Quien se encuentra en el medio debe tratar de conseguir una silla lo más ligero que pueda. La idea es no quedarse en el mismo punto. No se vale cambiar de puesto con el que esté sentado a la par, sino que deben hacerlo pronto y hacia el frente o en diagonal.

3. Se propone dar una consigna sencilla a modo de prueba para verificar que todos hayan entendido. Por ejemplo, "se cambian de lugar quienes tengan hermanos/as". Es considerable es-

timular que el cambio de lugares sea rápido, corriendo y tratando de atravesar el espacio.

4. Una vez que el grupo comprendió el lema se comienza a jugar.

Ejemplos:

Se cambian de lugar quienes les gusta ir a bailar.

Se cambian de lugar quienes tengan más de XX años.

Se cambian de lugar quienes juegan futbol.

Se cambian de lugar quienes hacen nuevas amistades por internet.

Se cambian de lugar quienes planchan su ropa.

Se cambian de lugar quienes crean que solo las mujeres lloran.

Se cambian de lugar quienes tienen sexo.

Se cambian de lugar quienes juegan con carros.

Se cambian de lugar quienes jugaron con muñecas.

5. Al finalizar el juego se agrega una silla más y se comienza a trabajar en plenaria para reflexionar en torno a la actividad, las consignas y lo que realizó el grupo.

6. Se realiza un diálogo dirigido con las preguntas:

- ¿cómo se sintieron?

- ¿qué les parece el contenido de las consignas?

- ¿mujeres y hombres se comportaron diferentes durante el juego?

- ¿por qué unos integrantes se cambiaron de lugar cuando se dieron las instrucciones?

7. Las preguntas a realizar deberán formularse en función de las consignas dadas, ejemplo: "se cambian de lugar quienes tienen sexo", por lo general este

concepto lo asocian a relaciones sexuales genitales, si eso pasara se explica al grupo el significado.

8. Escribir en el diario viajero los sentimientos que han experimentado.

Nombre de la técnica.

Comenzando por nuestras creencias.

Población:	Es muy útil aplicarla en parejas que desean profundizar en el conocimiento de sí mismos desde el enfoque de género.
Participantes:	20 integrantes y que haya paridad de género.
Tiempo Establecido:	30 minutos.
Materiales:	Lista de consignas, salón con suficiente espacio, el

	diario viajero y sillas para todos los participantes.
Objetivo:	Identificar mitos y creencias que manejan los participantes relacionados al género.

Procedimiento Metodológico

	1. Se le propone al grupo formar una columna en el centro del salón. La consigna es: Iremos leyendo frases afirmativas sobre las que ustedes, tendrán que expresar si están de acuerdo o no, es decir, si es verdadera o falsa. Luego de leer cada enunciado, los que consideran que es verda-

dero se ubicarán a la izquierda, los que piensen que es una afirmación incorrecta a la derecha, y los que tengan duda se mantendrán en el mismo sitio.

2. Posteriormente, quienes tomaron posición y se ubicaron en uno de los lados deben argumentar su postura, a fin de que los que quedaron en el medio tomen un criterio y se coloquen en alguno de los grupos.

3. Cuando no queden más personas en la base, vuelven todos a la fila para

leer otra frase y posicionarse de nuevo.

4. Se podrán leer cinco o seis consignas, todas pueden referir al mismo tema o a diferentes aspectos de la sexualidad y/o género, que serán abordados a lo largo de la actividad o las actividades con el grupo.

5. EJEMPLOS DE FRASES

Con una pareja estable no es necesario usar preservativos porque no hay riesgos.

El ser humano homosexual anhela ser mujer.

Los bebés poseen sexualidad.

Los hombres son violentos por naturaleza.

El abuso sexual siempre se produce en lugares peligrosos y oscuros, y el atacante es un desconocido.

Las personas tienen derecho a elegir si quieren o no tener hijos/as, cuántos, cuándo y con quién.

Me voy a casar joven para que no me deje el tren.

El individuo con cierta edad si no se ha casado es un solterón amargado.

6. Promover la circulación de la palabra y que los

participantes expresen y justifiquen su opinión. No anticipar conclusiones u opiniones por parte de la coordinación, dar tiempo para que puedan expresarse y después trabajar las ideas y expresiones que surjan. Se puede abordar los diferentes conceptos, mitos y prejuicios de cada frase y abordarlo en plenaria al final. Es conveniente registrar en un papelógrafo o pizarra todo lo que surja y luego comentarlo. 7. Preguntas para el diálogo: es recomendable que se realicen en función de lo expresado en los enunciados, ejemplo. ¿Por qué creen que...? ¿En qué se fundamenta su criterio para…?

8. Escribir en el diario viajero los sentimos e impresiones.

Nombre de la técnica.

Cuánto soy de detallista.

Población:	Es muy útil aplicarla en parejas que desean profundizar en el conocimiento de sí mismos desde el enfoque de género.
Participantes:	20 participantes y que haya paridad de género.
Tiempo Establecido:	20 minutos.
Materiales:	Diario viajero, salón con buen espacio y aretes.
Objetivo:	Observar por medio de diferentes accesorios los

gustos y detalles de las personas.

Procedimiento Metodológico

1. Se escoge una mujer y se le explica la dinámica para poder dirigir al grupo completo, y no dejar que los demás integrantes conozcan el objetivo del juego.

2. Primero las mujeres pasan con la líder a un recinto aparte allí se quitan los dos aretes, entregan uno, el otro lo guardan y vuelven a sus puestos. Luego la dirigente pondrá uno en un lugar visible y acompañará a los hombres para que escojan el que le pertenece a su

pareja y se lo coloquen. Cuando lo tengan puesto ellas se pondrán el otro para observar si la elección es la correcta. El ganador o los ganadores deben ser reconocidos por esos pequeños detalles.

3. Escribir en el diario viajero los sentimos e impresiones.

Sentido de Vida, Género y Arte

Nombre de la técnica.

Reconstruyendo mi cuerpo.

Población:	Es muy útil aplicarla en parejas que desean profundizar en el conocimiento de sí mismos desde el enfoque de género.
Participantes:	20 participantes y que haya paridad de género.
Tiempo Establecido:	20 minutos.
Materiales:	Diario viajero, lapiceros y plastilinas.

Objetivo:	Reconocer que somos personas sexuadas con capacidad de amar y ser amados.

Procedimiento Metodológico

1. Cada participante construye con plastilina una silueta del cuerpo humano.

2. Redactar y compartir una anécdota o vivencia relacionada con la emoción que sintió al crearla.

3. Reflexionar y participar de una discusión con base en las siguientes preguntas: ¿alguna vez he sido lastimado? ¿Me acepto como soy? ¿Qué significa

para mí ser? ¿Cuáles aspectos forman la sexualidad?

4. Escribir en el diario viajero las experiencias vividas.

Sentido de Vida, Género y Arte

Nombre de la técnica.

Los corazones afectivos.

Población:	Es muy útil aplicarla a personas que desean profundizar en el conocimiento de sí mismos y mejorar su calidad de vida.
Participantes:	20 participantes y que haya paridad de género.
Tiempo Establecido:	30 minutos.
Materiales:	Diario viajero, corazones de cartón, revistas, periódicos, goma, tijeras y lapiceros de colores.

Objetivo:	Expresar manifestaciones de ternura en las relaciones entre hombres y mujeres.

Procedimiento Metodológico

1. Dividir el grupo en parejas y se les entrega un corazón de cartón, revistas, periódicos en donde buscan, recortan y pegan dentro de los corazones manifestaciones de ternura que han encontrado y le escriben un título.

2. Exponer los corazones que se han pegado en un lugar visible, por cada subgrupo para enriquecer el tó-

pico. Los participantes se involucran en el proceso y relacionan la información del tema con aspectos de su vida en particular y de la sociedad, comentan la pregunta: ¿cómo se sintieron? ¿Con qué personas realizamos cada una de esas demostraciones de afecto?

3. En una mesa redonda se comparten ideas en forma espontánea sobre la importancia de ponerlas en práctica en la vida cotidiana.

4. Se cierra la actividad danto conclusiones, respondiendo alguna inquietud o dando instrucciones sobre

	detalle interesante para los participantes.
	5. Escribir en el diario viajero los sentimientos que han aflorado.

Nombre de la técnica.

Meditación trascendental.

Población:	Grupos pequeños que desean crecer espiritualmente promoviendo la sanación y superación de conflictos emocionales.
Participantes:	20 participantes y que haya paridad de género.
Tiempo Establecido:	20 minutos.
Materiales:	Diario viajero, lapiceros, música y mantras.
Objetivo:	Participación de la técnica Meditación Trascendental.

Procedimiento Metodológico

1. Durante veinte minutos cada participante se sienta tranquilamente en una silla con los ojos cerrados, con música instrumental suave, utilizando una palabra especial llamada "mantra", que no se elige por su significado, sino estrictamente por su sonido. A través de la meditación se trae a la mente sin esfuerzo y naturalmente, un nivel ligeramente sutil del proceso de pensamiento. A esta altura el espíritu ha trascendido y queda expuesta su naturaleza y la conciencia pura.

Cuando esto ocurre, el alma está aprendiendo, a curarse sola.

2. Por pasar los 20 minutos cada participante toma una hoja en blanco, lápices de colores, un lápiz de grafito, un borrador y elabora un dibujo en donde plasma la experiencia obtenida.

3. En una plenaria cada participante enseña el dibujo y comenta las emociones sentidas y elabora con una palabra como, por ejemplo: placer, goce, felicidad, excitación, orgasmo entre otras una síntesis de la experiencia vivida.

	4. Escribir en el diario viajero los sentimos y experiencias vivenciadas a partir de la técnica.

Sentido de Vida, Género y Arte

Nombre de la técnica.

Meditación Consciente.

Población:	Es muy útil aplicarla a personas que desean profundizar en el conocimiento de sí mismos y mejorar su calidad de vida.
Participantes:	20 participantes y que haya paridad de género.
Tiempo Establecido:	20 minutos.
Materiales:	Diario viajero, lapiceros, hojas en blanco, música de reflexión y el texto sobre el perdón.

Objetivo:	Reflexionar sobre el perdón para perdonar y perdonarme.

Procedimiento Metodológico

1. Se le entrega a cada participante unas hojas en blanco, lápices de color, lapicero, lápiz y el texto de la reflexión.

2. Se lee la lectura en forma individual y se reflexiona sobre el contenido. Se Recupera el pasado y se van anotando algunas ideas que son interpeladas por el texto.

3. Se sitúan en el "aquí y el ahora", con base en la pregunta: ¿hoy aquí, que resentimiento o acontecimiento me atormenta y no me hace feliz?

4. Elaborar una lista de esos acontecimientos y posibles resoluciones a los conflictos que no me hacen feliz.

5. En una mesa redonda se comparte los conocimientos adquiridos en forma voluntaria y anotar en el diario viajero los aprendizajes significativos.

EPÍLOGO.

Cada vez que escucho, leo o conozco, hechos, historias o vivencias de mujeres guerreras que han superado y trascendido situaciones adversas me emociono y pienso que no alcanzarían los libros para escribirlas.

A lo largo de la historia hemos tenido que surgir de las cenizas cuál ave fénix, en diferentes épocas y de diversas formas, esto hace pensar que dentro de nosotras existe una reserva de fuerzas imprevistas, que irrumpen de manera explosiva en el momento preciso en que la existencia nos pone a prueba para fortalecernos y vencer.

Todavía recuerdo el día en una sección de Coaching transpersonal que el terapeuta me llevó a una vida pasada en donde visualicé en el tiempo a unos hombres que me sujetaron de las manos, me aprisionaron en un cuarto, fuerte, angosto, y alto, tenía solamente una ventana muy arriba como para que los rayos del sol entraran en las mañanas, no fuera muy oscuro y hubiese ventilación.

Obviamente eran personas con mucha fuerza las que me encerraron para que yo no pudiera escapar nunca, ya que según ellos yo quería obtener el conocimiento y eso solo les pertenecía a los eruditos. Estando adentro, sin ninguna posibilidad de salir pensé en la forma noble de hacerlo, ya que, el deseo que yo sentía por el intelecto hacía imaginar todas las posibilidades.

De repente sentí una fortaleza que invadía todo mi ser, ese instinto de supervivencia responsable que en conjunto con nuestros recursos nos impulsa a superar cualquier situación extrema a la que nos enfrentamos. Tomé la decisión de dejarme morir, porque estaba segura de que era el método viable para yo trascender y alcanzar la sabiduría.

Aún en los momentos complicados, inevitables y llenos de incertidumbre, la existencia nos brinda el espacio a fin de descifrar lo que nos favorece, actuar con sentido común y no adoptar una posición de víctima.

Nos han ayudado a evolucionar, crecer, incluso a salir fortalecidas, seguras y con las herramientas necesarias para enfrentarnos a nuevas situaciones.

En esta reencarnación he estudiado lo que en el pasado el patriarcado me negó, lo que no hacemos hoy y aquí en el presente, disponemos de otra oportunidad, lo increíble es que vamos evolucionando.

Indira Gandi lo entendió muy bien cuando escribió que la mujer debe sentirse con autonomía, no para igualarnos con el género masculino, sino para ser libre en sus capacidades y personalidades, solamente las mujeres libres con poder de elección pueden disponer qué crear con la vida que ha recibido.

Lo sagrado femenino nos da la posibilidad de ser fuertes, tiernas, amorosas, extrovertidas, sabias, inteligentes y llenas de vitalidad.

Somos el faro que ilumina vidas y más, que nada perturbe la armonía, el amor, el tiempo y la responsabilidad que por el solo hecho de existir nos corresponde.

Si en algo estoy segura es que, si queremos transformar la sociedad, primero tenemos que aprender a mirarla a través de los ojos de la femineidad.

REFERENCIAS BIBLIOGRÁFICAS.

Asmann, H., (2002). *Placer y Ternura en la Educación. Hacia una sociedad Aprendiente.* Ediciones Nacera S.A. Madrid, España.

Briggs, J., Peat, D., (1999). *Las Siete Leyes del Caos. Las ventajas de una vida caótica.* Grijalbo. Barcelona.

González, A. (2003). *Masculinidades y desarrollo moral: Una Nueva Manera de Satisfacer las necesidades humanas Esenciales y defender la red de la vida* (GAIGA). 1ed. Nicaragua: SIMAS.

Boff y Murano. (2004). Femenino y Masculino una nueva conciencia para el encuentro de las diferencias. Editorial Trotta, S.A.

Bolen, J. (2015). *Las Diosas de cada Mujer.* Editorial: KAIROS

Campos, G. Álvaro, S., José, M. (2002). *El Placer de la Vida*. 1ª. Ed. San José, Costa Rica.

Ciriza, A, Fernández, E., Prieto, D., y Gutiérrez, F. (1992). *El Discurso Pedagógico*. 1ed. San José –Costa Rica.

Compendio de Lectura (2006). *Género, Teoría Feminista y Nuevos Paradigmas*.

Cosachow, M. (2000). *Entre el Cielo y la Tierra. Un Viaje en el Mapa del Conocimiento*. 1ª. Ed. Editorial Biblos. Buenos Aires.

Dossey, L. (2004). *El Poder Curativo de la Mente*. Santillana Ediciones Generales S.A. Bogotá, Colombia.

Eger, E. (2018). *La bailarina de Auschwitz*. Editorial Planeta, Barcelona - España

Eisler, R. (Sin fecha). *El Cáliz y la Espada*. Nuestra Historia, Nuestro Futuro. Editorial Cuatro Vientos. Santiago, Chile.

Emoto, M. (2006). *La vida Secreta del Agua.* Santillana. Ediciones Generales. S.A, México –Distrito federal.

Gelb, Michael J. (1999). *Inteligencia Genial. 7 principios claves para desarrollar la inteligencia, inspirados en la vida y obra de Leonardo Da Vince.* Editorial Norma S.A. Bogotá - Colombia. Pág. XI

García, A., Mina, F., (2003). *Desarrollo del Género en la Feminidad y la Masculinidad.* Narcea, S.A. de Ediciones. Madrid, España.

Gerber, R. (1998). *La Curación Energética.* La Revolución Medicina Vibracional. Nuevas Alternativas para Sanar. Ediciones Robinbook, SL. Barcelona - España.

Gutiérrez, F. y Prieto C. Daniel. (2002). *Mediación Pedagógica.* EDUSC. Ciudad de Guatemala.

Gutiérrez, F. (Sin fecha). *Ideogenomatesis en el Lenguaje Total*. Praxis del Método. S.A.

Gutiérrez, F. (1995). *Mediación Pedagógica en la Elaboración de Libros Escritos.* UNESCO - San José.

Gutiérrez, F. (1993). *Pedagogía de la Comunicación en Educación Popular,* Ed. Popular OEI, Madrid.

Huxley, Jung, Watis, Maslow, Fromm, Castañeda, Aurobindo, Graves, Schumacher, Krishnamurti, Kubler-Ross, Roszar, Rogers, Henderson. Capra, Bohm, Wilber, Sheldrake, Grof, y lovelock (1991) Nueva Conciencia, plenitud personal y equilibrio planetario para el siglo xxi. Editorial: integral. Valencia

Instituto Costarricense de Teología Pastoral. (2011). *El Grupo y su Dinámica.* 1ª. Ed. Editorial Cecor. San José. C.R

Jackson, S. (2005). *Coach Cartes Película Norteamericana de Cine.*

Lanier, Jaron. La Mitad de un Manifiesto.

Laszlo, E. (2004). *La Ciencia y el Campo Akásico.* Una Teoría Integral del Todo. Ediciones Nowtilus S.L. España – Madrid.

López, M., Miguel, M., Pérez, G., Ángel, L. y Santos, G. (2003). *Conversando con Maturana de Educación.* Editorial Aljibe, S.L. España-Málaga.

Lagarde, M. (1996). *Género y Feminismo.* Desarrollo Humano y Democracia.

Llinás, R. (2002). *El Cerebro y el Mito del Yo.* Editorial Noma. S.A. Bogotá, Colombia.

Maturana, R. (1990). *Biología de la cognición y Epistemología.* Ediciones Universidad de la Frontera. Temuco - Chile.

Maturana. R. (1995). *Emociones y Lenguaje en Educación y Política.* Santiago: Dolmen Ediciones.

Maturana, R. & Varela F. (1973). *De máquinas y seres vivos.* Editorial Universitaria. Santiago de Chile.

Maturana, H., & Nisis, S. (1997). *Formación Humana y Capacitació*n. Santiago: Dolmen Ediciones.

Michele y Robert; Bernstein Root. (2002). *El Secreto de la Creatividad.* 1ª. Ed. Editorial Kairós, S.A.

Morin, E. (2006). *El Método 6. La Ética. Ediciones Cátedra.* (Grupo Anaya, S.A.). Madrid, España.

Naranjo, C. (2005). *Cambiar la Educación para Cambiar el Mundo.* 2°ed. Ediciones La Llave D.H. Madrid - España. Pág. 200.

Okada, K. (2001). *Arte de Mahikari.* Llave para el siglo XXI. Sao Paulo – Brasil.

Pichardo, M (2005), Evaluar la Satisfacción Marital en un grupo de parejas infértiles. Tesis de grado en Psicología. Universidad Latina. Grecia, Costa Rica.

Pichardo, M (2013) Sexualidad de la Ternura y Espiritualidad Integral para una Calidad de Vida Saludable en Parejas con Problemas de Infertilidad. Universidad de la Salle. San José, Costa Rica.

Pichardo, M (2013) Energía Vital y las Creencias en Relación a la Infertilidad. Tesis Doctoral. Universidad de la Salle. San José, Costa Rica.

Pichardo, M (2020) Transformada en Vitral. Editorial Edinexo. 1ra. Edición. Costa Rica.

Pleités, M. (2019). *Fábulas y Cuentos para Subsistir*. Editorial Edinexo. 1ra. Edición. Costa Rica.

Payan de la Rocha Julio C. (2000). *Lánzate al Vacío, se Extenderán sus Alas*. Editorial McGranw-Hill, Interamericana, S.A. Santa Fe de Bogotá. D. C. Colombia.

Programa "Amor Joven" y "Construyendo Oportunidades" (1999). Consejo Interinstitucional de Atención a la Madre Adolescente e Instituto Nacional de las Mujeres. Publicación de la Oficina de la Primera Dama. San José, Costa Rica.

Kosko, B. (2000). El Futuro borroso o el Cielo en un Chip. Editorial Crítica S.L. Barcelona, España.

Renz, U. (2007). La Ciencia de la Belleza. 1ª ed. Ediciones Destinos S.A. Madrid – España.

Sheldrake, R. (Sin fecha). El Renacimiento de la Naturaleza. La nueva imagen de la ciencia y de Dios. Editorial Paidós.

Swimme, B. (1998). El Universo es un Dragón Verde. Editorial Cuatro Vientos. Santiago de Chile.

Ugarte, D. (Sin fecha). El Poder de las Redes. Manual Ilustrado para personas, colectivos y empresas abocados al Ciberactivismo.

Varela, F. (2000). *El Fenómeno de la Vida*. Ed. Dolmen, Santiago de Chile.

Wagensberg, J. (2003). *Ideas Sobre la Complejidad del Mundo*. 1ª. ed. Edición Tusquets Editores.

Sentido de Vida, Género y Arte

Autora:

Amable de Jesús Pichardo Murillo, escritora costarricense.

Sus estudios; Bachiller en Educación Religiosa Universidad Católica de Costa Rica, Licenciatura en Psicología Clínica Universidad Latina de Costa Rica, Maestría en Psicopedagogía Universidad Latina de Costa Rica, Doctorado en Educación con Especialidad en Medicación Pedagógica Universidad de La Salle, Licenciatura en Derecho Universidad Santa Lucía, Especialidad en Derecho Notarial y Registral Universidad San José, Master Coach en Neurobioimaginería Introspectiva Life, Coaching CR Sociedad Internacional de Neuroimaginería y Coaching, Diplomado Internacional en Logoterapia y Sentido de Vida, en el Instituto Peruano de Logoterapia Viktor Frankl.

Publicó su primer libro, "Transformada en Vitral", en marzo del año 2020, en el cual profundiza sobre el duelo y brinda un mensaje lleno de esperanza, para quien esté pasando por la adversidad y desea empoderarse para empezar de nuevo.

Después de acompañar a un grupo de mujeres en su proceso de crecimiento nace la segunda obra, Sentido de vida, Género y Arte dedicado a la mujer.

Sentido de Vida, Género y Arte

Sentido de Vida, Género y Arte

Made in the USA
Columbia, SC
29 December 2022

74560753R00131